ro
ro
ro

rororo

PETRA OELKER, Jahrgang 1947, ist Journalistin und Autorin. Sie hat Jugend- und Sachbücher veröffentlicht, u. a. *Nichts als eine Komödiantin – Die Lebensgeschichte der Friederike Caroline Neuber* (1993). Dem großen Erfolg ihres literarischen Erstlings *Tod am Zollhaus* (rororo 22116) folgte eine ganze Reihe weiterer historischer Romane: *Der Sommer des Kometen* (rororo 22256), *Lorettas letzter Vorhang* (rororo 22444) und *Die zerbrochene Uhr* (rororo 22667).
Im Herbst 2000 wird der Roman *Die ungehorsame Tochter* (rororo 22668) erscheinen.
Mit dem Thema des vorliegenden Buches befasste sich Petra Oelker bereits in dem Sachbuch *«Eigentlich sind wir uns ganz ähnlich» – Wie Mütter und Töchter heute miteinander auskommen* (rororo 60544).

PETRA OELKER (Hg.)

Eine starke Verbindung

MÜTTER, TÖCHTER UND ANDERE WEIBERGESCHICHTEN

MÜTTER, TÖCHTER UND ANDERE WEIBERGESCHICHTEN

ROWOHLT TASCHENBUCH VERLAG

Originalausgabe
Veröffentlicht im Rowohlt Taschenbuch
Verlag GmbH, Reinbek bei Hamburg,
Oktober 2000

Umschlaggestaltung Cordula Schmidt
(Foto: Premium/Stock Image)
Satz Adobe Garamond PostScript (PageMaker)
bei Pinkuin Satz und Datentechnik, Berlin
Druck und Bindung Clausen & Bosse, Leck
Printed in Germany
ISBN 3 499 22752 5

Die Schreibweise entspricht den Regeln
der neuen Rechtschreibung.

INHALT

Vorwort

Sie sind uns allen begegnet, selbst wenn wir sie längst vergessen haben oder nicht um ihre Bedeutung wissen: Diese Frauen, die irgendwann auftauchten und unser Leben beeinflussten. Mal mit einem Paukenschlag, mal zäh und beharrlich, vielleicht nur im Vorübergehen. Meine erste hieß Tante Kleene. Sie war eine Freundin meiner Eltern, und selbst wenn sie sich in ihrer Gutbürgerlichkeit und in ihrem Alter nicht voneinander unterschieden, erschien sie mir doch ganz anders: fröhlicher und geheimnisvoll. Außerdem nähte sie mir den schönsten Stoffhasen, den ich je gesehen habe und gab mir das grandiose Gefühl, dieser gewiss großen Mühe wert zu sein. Ich war fünf oder sechs Jahre alt und sie die erste berufstätige Frau in meinem Dorfkind-Leben.

Das ist schon fast alles, was ich von ihr erinnere. Sie blieb nicht lange, ich weiß nicht warum und wohin sie verschwand. Ich weiß auch nicht, ob sie mein Leben tatsächlich in irgendeiner Weise beeinflusst hat, aber ich habe sie nie vergessen.

Die prägendsten Frauengestalten in weiblichen Lebensläufen sind – ob wir es wissen wollen oder nicht – nun mal die Mütter. Alles ist drin: Liebe und Hass, Vorbild und Abschreckung und vor allem das weite bunte Feld, das dazwischen liegt. Als wir über dieses Buch nachdachten, über die Beziehungen zwischen Frauen verschiedener Generationen, fielen auch uns – natürlich – zuerst die Mütter ein. Ach, die Mütter. Schon wieder die?

Nein, sagten wir uns, über Mütter und Töchter ist schon

so viel geschrieben worden. Wir wollten ein Buch, in dem von anderen Begegnungen zwischen Frauen verschiedener Generationen erzählt wird. Da gibt es doch noch andere STARKE VERBINDUNGEN, mit Kolleginnen und Nachbarinnen zum Beispiel, Großmüttern, Lehrerinnen, Tanten. Oder mit der brummeligen Alten, die jeden Tag mit ihrem Dackel vorbeitrödelt, mit der schroffen Schönheit längst vergangener Zeiten auf einem Gemälde. Oder manchmal, mit ein wenig Nachdenken oder in plötzlich aufblitzender Erinnerung, taucht irgendein weiblicher Schemen aus der Vergangenheit auf, in der Essenz der Jahre wie ein verhalten glimmender Stern in der eigenen Biographie. Oder wie ein giftiger Stachel.

Auch das sind STARKE VERBINDUNGEN, und auch da ist alles drin: Liebe und Hass, Vorbild und Abschreckung, Konkurrenz und Neid – das ganze bunte Feld. Denn Begegnungen mit den Frauen der vorigen (oder der vor-vorigen) Generation sind für Mädchen auch Begegnungen mit sich selbst, mit den Optionen für das eigene Leben: mit dem was sie sind, was sie sein oder gerade nicht!, nie!, auf gar keinen Fall! sein möchten.

Wir dachten an schöne und schreckliche, komische und traurige Geschichten, an böse auch, und wenn die eine oder andere Mutter-Geschichte dabei wäre, würde uns das überhaupt nicht nicht stören.

Wir haben uns geirrt. Die meisten unserer Autorinnen, egal welchen Alters, haben sich zum Thema STARKE VERBINDUNG für die stärkste, für die zwischen Mutter und Tochter entschieden. Es hat uns nicht gestört. Im Gegenteil – all diese Geschichten, dreizehn an der Zahl, sind wie Ausflüge in die Erinnerung, dieses weite bunte Feld, und machen nicht nur Lust, diese Reisen zu begleiten, sondern animieren auch zu eigenen.

Dazu wünschen wir Ihnen, liebe Leserin, lieber Leser, Vergnügen, und wenn es unterwegs mal ein bisschen unheimlich werden sollte – macht nichts. Leben ist nun mal eine Achterbahnfahrt, wäre es sonst so spannend?

Schnallen Sie sich gut an, und brausen Sie einfach los.

Ihre

Petra Oelker

MARGARET ATWOOD

Bedeutende Augenblicke im Leben meiner Mutter

Als meine Mutter klein war, schenkte ihr jemand einen Korb mit Küken zu Ostern. Sie sind alle gestorben.

«Ich wusste nicht, dass man sie nicht herausnehmen darf», sagt meine Mutter. «Die armen kleinen Dinger. Ich habe sie alle in einer Reihe auf ein Brett gelegt, ihre kleinen Beine so steif wie Feuerhaken, und sie danach lange beweint. Ich hatte sie totgeliebt.»

Vielleicht will meine Mutter mit dieser Geschichte bloß veranschaulichen, wie dumm sie war, und wie sentimental. Sie will uns damit zu verstehen geben, dass sie heute so etwas nicht mehr tun würde.

Vielleicht ist es eine Erläuterung der Liebe; aber da ich meine Mutter kenne, halte ich das für unwahrscheinlich.

Der Vater meiner Mutter war Landarzt. In den Tagen, bevor es Autos gab, fuhr er mit einem Pferdegespann und einem Wagen in seinem Gebiet herum, und in den Tagen vor den Schneepflügen kutschierte er mit einem Pferdegespann und einem Schlitten mitten in der Nacht durch Schnee und Regen zu Häusern, in denen Öllampen brannten und Wasser auf dem Holzherd kochte und über dem Tellerbord Flanelltücher zum Wärmen hingen, für die Babys, denen er verhalf, das Licht der Welt zu erblicken, und die nach ihm benannt wurden. Seine Praxisräume waren im Haus, und als Kind sah meine Mutter die Leute über die vordere Veranda an seine

Tür kommen, mit Teilen von sich, die sie fest umklammert hielten – Daumen, Finger, Zehen, Ohren, Nasen –, die sie bei einem Unfall verloren hatten und die sie an die rohen Stümpfe ihrer Körper pressten, als könnten diese abgetrennten Teile wie Teig darangeklebt werden, in der meist vergeblichen Hoffnung, mein Großvater würde sie ihnen wieder annähen und so die klaffenden Wunden, von Äxten, Sägen, Messern und dem Schicksal verursacht, zu heilen imstande sein.

Meine Mutter und ihre jüngere Schwester lungerten so lange dicht beim Eingang zur Praxis herum, bis man sie verjagte. Hinter der Tür konnte man Stöhnen, erstickte Schreie, Hilferufe hören. Für meine Mutter waren Krankenhäuser nie etwas Schönes, und Krankheiten haben nie Aufschub oder Ferien bedeutet. «Werdet bloß nie krank», sagt sie und meint es ernst. Sie selbst wird fast nie krank.

Nur einmal wäre sie fast gestorben. Das war, als sie einen Blinddarmdurchbruch hatte. Mein Großvater musste die Operation selbst durchführen. Hinterher sagte er, dass er dies eigentlich nicht hätte tun dürfen: Seine Hände hatten viel zu sehr gezittert. Das war eines seiner wenigen Eingeständnisse von Schwäche, von denen meine Mutter je berichtet hat. Meist wird er als ernst dargestellt, als jemand, der alles im Griff hat. «Wir hatten Respekt vor ihm», sagt sie. «Alle hatten Respekt vor ihm.» (Das ist ein Wort, das seit der Kindheit meiner Mutter etwas an Wert eingebüßt hat. Früher war es sogar noch wichtiger als *Liebe*.)

Die Geschichte von der Bisamfarm meines Großvaters erzählte mir jemand anders: Wie er und ein Onkel meiner Mutter den Sumpf im hinteren Teil ihres Anwesens einzäunten und die Ersparnisse einer unverheirateten Tante meiner Mutter in Bisamratten investierten. Sie hatten die Idee, diese Bisamratten sich vervielfältigen zu lassen und zu Bisampelzmänteln zu verarbeiten, aber ein Nachbar mit einer Apfelfarm pflegte seine Spritzgeräte ein Stück weiter flussaufwärts zu waschen, und das Gift brachte die Bisamratten alle um, sodass sie mausetot waren. Das war zur Zeit der Depression und gar nicht witzig.

Als sie noch jung waren – das kann heutzutage so gut wie alles bedeuten, aber ich nehme an, es war mit sieben oder acht –, hatten meine Mutter und ihre Schwester ein Haus in den Bäumen, wo sie einen Teil ihrer Zeit mit ihren Puppen verbrachten, um mit ihnen Tee zu trinken und so. Eines Tages fanden sie eine Schachtel mit niedlichen kleinen Fläschchen vor der Apotheke meines Großvaters. Die Fläschchen waren zum Wegwerfen, aber meine Mutter (die schon immer gegen Verschwendung war) hob sie für ihr Puppenhaus auf. In den Flaschen war eine gelbe Flüssigkeit, die sie drinließen, weil es so hübsch aussah. Wie sich herausstellte, waren es Urinproben.

«Das hat vielleicht ein Donnerwetter gegeben», sagt meine Mutter. «Aber woher sollten wir das wissen?»

Die Familie meiner Mutter lebte in einem großen weißen Haus in Neuschottland neben einem Obstgarten mit Apfelbäumen. Es hatte eine Scheune und einen Wagenschuppen und in der Küche eine Speisekammer. Meine Mutter kann sich noch an die Zeit erinnern, als es noch keine Backwaren zu kaufen gab, als man das Mehl noch in Fässern aufhob und das Brot zu Hause gebacken wurde. Sie kann sich noch an die erste Rundfunksendung erinnern, die sie gehört hat und die mit irgendwelchen Songs für Socken warb.

Dieses Haus hatte viele Zimmer. Obwohl ich dort war, obwohl ich das Haus mit eigenen Augen gesehen habe, weiß ich noch immer nicht, wie viele es waren. Ein Teil des Hauses war verschlossen, jedenfalls hatte es den Anschein, und da waren Hintertreppen. Gänge, die irgendwo hinführten. In ihm lebten fünf Kinder, zwei Eltern, zwei Hausangestellte, ein Mann und ein Mädchen, deren Namen und Gesichter ständig wechselten. Die Struktur des Hauses war hierarchisch, mit meinem Großvater an der Spitze, aber sein heimliches Leben – das Leben ungefüllter Pasteten, sauberer Laken, der Schachtel mit Flicken in der Wäschekammer, den Brotlaiben im Ofen – war weiblich. Das Haus und alle Gegenstände darin knisterten vor statischer Elektrizität, es war von Sogen unterspült, die Luft erfüllt von Dingen, die jeder kannte, über die aber niemand sprach. Es hallte wie ein hohler Baumstamm, eine Trommel, eine Kirche, sodass Gespräche, vor sechzig Jahren flüsternd darin geführt, selbst heute noch halb vernehmbar sind.

In diesem Haus blieb man am Tisch sitzen, bis der Teller leergegessen war. «‹Denkt an die hungernden Armenier›, pflegte Mutter stets zu sagen. Ich sah nicht ein, womit ich ihnen auch nur im Geringsten half, wenn ich meine Brotrinde aufass.»

In diesem Haus sah ich zum ersten Mal Haferhalme in einer Vase stehen, jeder einzelne mit kostbarem Silberpapier umwickelt, das man von einer Schachtel Schokolade sorgfältig aufbewahrt hatte. Für mich war es das Schönste, das ich je gesehen hatte, und so fing auch ich an, Silberpapier aufzuheben. Aber ich bin nie dazu gekommen, Haferhalme einzuwickeln, und außerdem hätte ich sowieso nicht gewusst, wie. Wie so viele andere Kunstformen vergangener Zivilisationen ist auch diese Technik verloren und lässt sich nicht völlig nachvollziehen.

«Zu Weihnachten gab es Orangen», sagt meine Mutter. «Sie kamen den ganzen weiten Weg von Florida; sie waren sehr teuer. Das war das höchste: eine Orange in der Zehe deines Strumpfes zu finden. Es ist komisch, dass ich mich noch heute daran erinnere, wie gut sie damals geschmeckt haben.»

Als meine Mutter sechzehn war, hatte sie so lange Haare, dass sie darauf sitzen konnte. Inzwischen hatten die Frauen angefangen, sich ihre Haare kurz zu schneiden; die zwanziger Jahre hielten ihren Einzug. Meine Mutter sagt, ihre Haare hätten ihr Kopfschmerzen bereitet, aber mein Großvater, der sehr streng war, verbot ihr, sie abzuschneiden. Sie wartete bis zu einem Samstag, als sie wusste, dass er einen Termin beim Zahnarzt hatte.

«Vereisen gab es damals noch nicht», sagt meine Mutter. «Und der Bohrer wurde mit einem Fußpedal in Gang gesetzt und machte *knirsch, knirsch, knirsch.* Der Zahnarzt selbst hatte braune Zähne: Er kaute Tabak, und den Tabaksaft spuckte er in einen Spucknapf, während er sich an deinen Zähnen zu schaffen machte.»

An dieser Stelle ahmt meine Mutter, die gut imitieren kann, die Geräusche des Bohrers und des Tabaksafts nach: «Rrrr! Rrrr! Rrrr! Phtt! Rrrr! Rrrr! Rrrr! Phtt! Das war die reinste Höllenqual. Und als das Gas kam, war es wie eine Erlösung des Himmels.»

Meine Mutter ging in die Zahnarztpraxis, in der mein Großvater schmerzensbleich auf dem Stuhl saß. Sie fragte ihn, ob sie sich die Haare schneiden lassen dürfte. Er sagte, von ihm aus könne sie tun, was sie wollte, wenn sie nur endlich verschwinden und ihn nicht länger plagen würde.

«Und da bin ich sofort losgelaufen und hab sie mir abschneiden lassen», sagt meine Mutter fröhlich. «Hinterher war er wütend, aber was konnte er tun? Er hatte sein Wort gegeben.»

Meine eigenen Haare werden im Keller meiner Mutter in einem Pappkarton in einer Schiffstruhe aufbewahrt, und ich stelle mir vor, wie sie jedes Jahr immer stumpfer und spröder werden, vielleicht von Motten zerfressen; inzwischen sehen sie wohl aus wie die verblassten Kränze auf den viktorianischen Gräbern. Oder vielleicht haben sie auch trockenen Schimmel angesetzt; an der Innenseite des Seidenpapiers, in das sie eingewickelt sind, ist ein mattes Glühen in der dunklen Truhe. Ich glaube, meine Mutter hat ganz vergessen, dass sie da drin sind. Zu meiner Erleichterung wurden sie abgeschnitten, als ich zwölf war und meine Schwester geboren wurde. Davor trug ich es in langen Locken: «Denn sonst», sagt meine Mutter, «wäre dein Haar nur ein einziger Knoten gewesen.» Meine Mutter kämmte es jeden Morgen, indem sie es um ihren Zeigefinger wickelte, aber als sie im Krankenhaus war, wurde mein Vater einfach nicht damit fertig. «Er kriegte es nicht um seine kurzen, dicken Finger», sagt meine Mutter. Mein Vater sieht hinunter auf seine Finger. Verglichen mit den langen, eleganten Fingern meiner Mutter, die sie als knochig bezeichnet, sind sie tatsächlich kurz und dick. Er setzt ein Miezekatzenlächeln auf.

So kam es, dass meine Haare abgeschnitten wurden. Ich saß in meinem ersten Schönheitssalon und sah zu, wie meine Haare, wie viele Hand voll Spinnweben, über meine Schultern zu Boden fielen. Und in der Mitte tauchte mein Kopf auf, kleiner, kompakter, mit eckigem Gesicht. Nach fünfzehn Minuten war ich fünf Jahre älter geworden. Jetzt konnte ich nach Hause gehen und Lippenstift auftragen.

«Dein Vater war außer sich», sagt meine Mutter verschwörerisch. Das sagt sie nicht, wenn mein Vater dabei ist. Wir lächeln über die merkwürdigen Reaktionen der Männer auf Haare.

Ich habe immer geglaubt, meine Mutter hätte in ihren frühen Tagen ein Leben voller Heiterkeit und haarsträubender Abenteuer geführt. (Das war, bevor mir klar wurde, dass sie nie von den langen ereignislosen Zeiten sprach, die den Großteil ihres Lebens ausgefüllt haben mussten: Die Geschichten waren nur das Kursive darin.) Pferde sind mit ihr durchgegangen, und Männer haben angeboten, dasselbe zu tun; ständig fiel sie von Bäumen oder von den Dachbalken der Scheunen, wurde von der Flut fast hinaus ins Meer geschwemmt oder geriet, wenn es mal weniger dramatisch herging, in missliche Situationen, die ihr höchst peinlich waren.

Kirchen waren besonders gefährlich. «Eines Sonntags kam ein Gastprediger», sagt sie. «Natürlich mussten wir jeden Sonntag in die Kirche gehen. Und da war er, in vollem Schwung, predigte Fegefeuer und Verdammnis» – sie klopft auf eine unsichtbare Kanzel – «und sein ganzes Gebiss falscher Zähne schoss – wupp! – aus seinem Mund heraus – einfach so. Nun, er zögerte keine Sekunde. Seine Hand schnellte nach vorn, schnappte es sich und steckte es ihm wieder in den Mund, dann fuhr er fort, uns allesamt zu ewigen Qualen zu verdammen. Die Gemeinde zitterte! Über unsere Gesichter rannen Tränen, aber das Schlimmste war, dass wir in der ersten Reihe saßen und er uns direkt ansah. Aber natürlich konnten wir nicht laut loslachen: Dann hätte es von Vater ein Donnerwetter gegeben.»

Anderer Leute gute Stuben waren für sie mit Fallen ausgestattet; genauso wie auch sonst alle gesellschaftlichen Ereignisse. An den strategischen Punkten ihrer Kleidung platzten die Reißverschlüsse, auf Hüte war kein Verlass. Der Mangel an echtem Gummi während des Krieges forderte ständige Wachsamkeit: Die Unterhosen hatten damals Knöpfe und waren ein größeres Tabu als heute, und daher auch von größerer Verfänglichkeit. «Und plötzlich bist du dagestanden», sagt sie, «mitten auf der Straße, und ehe du es dich versahst, saßen sie unten auf deinen Galoschen. Dann musste man schnell einen Schritt machen und aus dem einen Bein rausfahren und sie mit dem andern Fuß hochwerfen und in die Tasche stecken. Das konnte ich ziemlich gut.»

Diese spezielle Geschichte erfahren nur einige wenige, während andere Geschichten für den allgemeinen Verbrauch bestimmt sind. Wenn sie sie erzählt, wird das Gesicht meiner Mutter zu Gummi. Sie übernimmt alle Rollen, fügt die Toneffekte hinzu, fährt mit den Händen durch die Luft. Ihre Augen glänzen, manchmal sogar ein bisschen boshaft, denn obwohl meine Mutter nett und alt und eine Dame ist, vermeidet sie es, eine nette alte Dame zu sein. Geraten die Leute in Gefahr, sie dafür zu halten, wirft sie schnell etwas vom linken Außenfeld ein; sie will nicht als selbstverständlich angesehen werden.

Und meine Mutter lässt sich auch nicht dazu überreden, Geschichten zu erzählen, wenn sie keine Lust dazu hat. Wenn man sie drängt, wird sie befangen und verstummt. Oder sie lacht und geht in die Küche, und kurz darauf hört man den Mixer surren. Ich habe es schon lange aufgegeben, sie dazu bringen zu wollen, auf Partys etwas zum Besten zu geben. In Gesellschaft von Leuten, die sie nicht kennt, hört sie nur mit leicht zur Seite geneigtem Kopf und einem glatten, höflichen Lächeln aufmerksam zu. Das Geheimnis besteht darin, abzuwarten, was sie hinterher sagen wird.

Mit siebzehn ging meine Mutter auf die Normal School in Truro. Dieser Name – «Normal School» – hatte für mich früher immer etwas Geheimnisvolles. Ich dachte, man würde dort lernen, sich normal zu benehmen, was ja auch vielleicht der Fall war, denn eigentlich ging man dorthin, um Schullehrer zu werden. Danach unterrichtete meine Mutter nicht weit von zu Hause entfernt in einer Schule, die nur einen Raum hatte. Sie ritt jeden Tag mit ihrem Pferd in die Schule und sparte das Geld, das sie verdiente, um damit auf die Universität zu gehen. Mein Großvater wollte sie nicht hinschicken: Er sagte, sie wäre viel zu frivol. Für seinen Geschmack ging sie viel zu oft zum Schlittschuhlaufen und zum Tanzen.

Als sie die Normal School besuchte, wohnte meine Mutter bei einer Familie mit mehreren Söhnen, die mehr oder weniger im selben Alter waren wie die Untermieterinnen. Beim Essen saßen sie alle um einen großen Tisch (den ich mir aus dunklem Holz vorstelle, mit geschnitzten Beinen, aber immer mit einem weißen Leinentischtuch bedeckt), mit Mutter an dem einen und Vater an dem anderen Ende. Ich stellte sie mir beide groß und rosig und strahlend vor.

«Die Jungen waren richtige Lausejungen», sagt meine Mutter. «Immer mussten sie was aushecken.» Das wurde von einem Jungen erwartet: ein richtiger Lausejunge zu sein, immer gerade dabei, etwas auszuhecken. Und meine Mutter fügt noch einen Schlüsselsatz hinzu: «Wir hatten viel Spaß.»

Spaß zu haben, war etwas, das bei meiner Mutter immer ganz oben auf der Tagesordnung stand. Sie hat soviel Spaß wie nur möglich, aber was damit gemeint ist, lässt sich nur verstehen, wenn man eine Anpassung vornimmt, wenn man die große Kluft berücksichtigt, die dieser Satz überwinden muss, bevor er uns erreicht. Er kommt aus einer anderen Welt, die wie die Sterne, die ursprünglich das Licht aussandten, das wir oben am Himmel sehen, existieren mag oder auch längst verschwunden sein kann. Es ist möglich, die greifbaren Tatsachen dieser Welt zu rekonstruieren – die Möbel, die Kleidung, die Verzierungen am Kaminsims, die Krüge und Waschbecken und sogar die Nachttöpfe in den Schlafzimmern, aber nicht die Gefühle, zumindest nicht mit der gleichen Genauigkeit. So vieles von dem, was wir heute wissen und empfinden, ist mit jener anderen Welt nicht vereinbar.

Das war eine Welt, in der harmlose Flirts möglich waren, weil es viele Dinge gab, die brave Mädchen einfach nicht taten, und damals gab es weit mehr brave Mädchen als heutzutage. Nicht brav zu sein, bedeutete nicht nur den Verlust der Tugend: Sexualität hatte, jedenfalls bei Mädchen, finanzielle Folgen. Damals war das Leben fröhlicher und unschuldiger, aber gleichzeitig von Schuld und Schrecken durchdrungen, oder wenigstens fehlten, im ganz alltäglichen Geschehen, nicht die Gelegenheiten dazu. Es war wie das japanische Haiku: eine begrenzte Form mit festem Maß, in deren Innerem erstaunliche Freiheiten möglich waren.

Es gibt von meiner Mutter Fotos aus dieser Zeit, zusammen mit drei oder vier anderen Mädchen, mit untergehakten Armen oder wie sie sich ausgelassen gegenseitig die Arme um den Hals schlingen. Hinter ihnen, jenseits des Sees oder der Hügel oder was immer als Hintergrund dient, befindet sich eine Welt, die bereits in die Brüche geht und die sie nicht kennen: die Relativitätstheorie ist entdeckt, an den Wurzeln der Bäume bilden sich Säuren, die Ochsenfrösche sind dem Untergang geweiht. Aber sie lächeln auf eine Art, die man aus dieser Entfernung fast als Tapferkeit bezeichnen könnte, und ihr rechtes Bein ist wie in einer Parodie auf eine Tanzrevue nach vorn ausgestreckt.

Eines der höchsten Vergnügen für die Pensionärinnen und die Söhne der Familie war das Laientheater. In den Theaterstücken, die im Kirchenkeller aufgeführt wurden, traten oft junge Leute auf – man nannte sie «junge Leute». Meine Mutter spielte regelmäßig mit. (Irgendwo im Haus habe ich einen ganzen Stapel mit den Stücken, vergilbte kleine Büchlein, in denen die Rollen meiner Mutter mit Bleistift angestrichen sind. Es sind alles Komödien, und alle sind unergründlich.) «Damals gab es noch kein Fernsehen», sagt meine Mutter. «Da hat man sich selbst unterhalten.»

Für eines dieser Theaterstücke wurde eine Katze benötigt, und meine Mutter und einer der Söhne liehen sich die Familienkatze aus. Sie steckten sie in einen Leinenbeutel und fuhren zur Probe (inzwischen gab es Autos), und meine Mutter hatte die Katze auf dem Schoß. Die Katze, die sich gefürchtet haben muss, pinkelte ausgiebig, durch den Leinenbeutel hindurch und auf den Rock meiner Mutter. Außerdem breitete sich im Wagen ein erstaunlich übler Geruch aus.

«Ich wäre am liebsten im Boden versunken», sagt meine Mutter. «Aber was konnte ich tun? Mir blieb nichts anderes übrig als stillzusitzen. Damals hat man solche Dinge» – sie meint Katzenpinkel oder jede Art Pinkel – «nicht erwähnt.» Sie meint, in gemischter Gesellschaft.

Ich stelle mir meine Mutter vor, wie sie durch die Nacht gefahren wird, mit tropfenden Röcken, voller Scham, während der junge Mann an ihrer Seite starr nach vorn blickt und so tut, als würde er nichts bemerken. Sie haben beide das Gefühl, dass dieser unaussprechliche Akt des Urinierens nicht der Katze zuzuschreiben ist, sondern meiner Mutter. Und so fahren sie weiter, immer geradeaus, über den Atlantik und die Erdkrümmung hinaus, und durch die Umlaufbahn des Mondes bis in die dunklen Weiten dahinter.

Jetzt, zurück auf der Erde, sagt meine Mutter: «Den Rock musste ich wegwerfen. Noch dazu ein guter Rock, aber der Geruch ging einfach nicht mehr raus.»

«Ich habe euren Vater nur einmal fluchen gehört», sagt meine Mutter. Sie selbst flucht nie. Wenn sie an einer Geschichte zu einer Stelle kommt, an der Fluchen angebracht wäre, sagt sie «zum Kuckuck damit» oder «verflixt und zugenäht».

«Das war, als er sich den Daumen gequetscht hat, beim Senken des Brunnens, für die Pumpe.» Ich weiß, dass sich diese Geschichte zugetragen hat, noch bevor ich auf die Welt kam, oben im Norden, wo unter den Bäumen und ihrem Laub nichts anderes ist als Sand und Felsgestein. Der Brunnen war für eine Handpumpe, die ihrerseits für die erste der vielen Hütten und Wohnungen dienen sollte, die meine Eltern gemeinsam bauten. Aber da ich bei späteren Brunnen zugesehen habe, die gesenkt wurden, und auch bei späteren Handpumpen, die eingebaut wurden, weiß ich, wie es gemacht wird. Man nimmt ein Rohr mit einer Spitze an dem einen Ende. Das schlägt man mit einem Hammer in den Boden, und während es immer tiefer eindringt, dreht man andere Rohrstücke oben drauf, bis man auf trinkbares Wasser stößt. Um das Gewinde am oberen Ende nicht zu beschädigen, hält man zwischen den Vorschlaghammer und das Rohr ein Stück Holz. Besser, man lässt es von jemandem halten. Auf diese Weise hat sich mein Vater nämlich den Daumen zerquetscht: Er hat beides selbst gemacht, gehalten und gehämmert.

«Er schwoll an wie ein Rettich», sagt meine Mutter. «Er musste mit seinem Taschenmesser ein Loch in den Fingernagel machen, damit der Druck nachließ. Das Blut schoss heraus wie die Kerne aus einer Zitrone. Später wurde dann der ganze Nagel knallrot und schwarz und fiel ab. Zum Glück wuchs ein neuer nach. Es heißt, dass man nur zweimal eine Chance im Leben hat. Aber als er es tat, hat sich die Luft ringsherum meterweit blau gefärbt. Ich wusste gar nicht, dass er all diese Wörter kannte. Ich habe keine Ahnung, wo er sie her hatte.» Sie redet, als handle es sich bei diesen Wörtern um eine gefährliche ansteckende Krankheit, wie etwa die Windpocken.

Hier sieht mein Vater schüchtern auf seinen Teller. Für ihn gibt es zwei Welten: eine mit Damen, in der man bestimmte Ausdrücke nicht verwendet, und eine andere Welt, die aus Holzfällercamps und anderen Stätten seiner Kindheit und aus Zusammenkünften mit der richtigen Sorte Männer besteht, in der man es tut. Wenn man die Welt der Männer verbal in die der Damen hineinträgt, steht man als Flegel ohne Manieren da, wenn man aber die Damenwelt in die der Männer hineinträgt, ist man ein Snob oder vielleicht sogar ein Schwuler. So heißt das. Und jeder von ihnen weiß Bescheid.

Die Geschichte zeigt mehrere Dinge: erstens, dass mein Vater kein Schlappschwanz ist; und zweitens, dass sich meine Mutter richtig verhalten hat, indem sie sich auf angemessene Weise schockiert zeigte. Aber die Augen meiner Mutter glänzen vor Freude, wenn sie diese Geschichte erzählt. Insgeheim findet sie es komisch, meinen Vater ertappt zu haben, wenn auch nur dieses eine Mal. Der abgefallene Daumennagel selbst ist unbedeutend und längst vergessen.

Ein paar Geschichten gibt es, die meine Mutter nicht erzählt, wenn Männer dabei sind: niemals beim Essen, niemals auf Partys. Sie erzählt sie nur Frauen, gewöhnlich in der Küche, wenn wir oder sie ihr beim Abwaschen oder Erbsenpulen helfen, oder beim Abziehen von grünen Bohnen oder beim Hülsenschälen. Sie erzählt sie mit gesenkter Stimme, ohne mit den Händen in der Luft herumzufuchteln, und ohne Toneffekte. Es sind Geschichten von gebrochenen Liebesschwüren, ungewollten Schwangerschaften, allen möglichen schrecklichen Krankheiten, Ehebrüchen, Nervenzusammenbrüchen, tragischen Selbstmorden, unerfreulichen schleichenden Todesfällen. Sie sind nicht sehr reich an Einzelheiten oder ausgiebig mit Vorfällen und Episoden geschmückt: Es sind nackte Tatsachen. Die Frauen, deren Hände zwischen schmutzigem Geschirr oder Gemüseschalen stecken, nicken ernst.

Einige dieser Geschichten dürfen nicht an meinen Vater weitergegeben werden, weil sie ihn aufregen würden. Denn man weiß ja, dass Frauen mit diesen Dingen besser umgehen können als Männer. Männer sollten nichts erzählt bekommen, was sie als zu schmerzhaft empfinden könnten; die geheimen Tiefen der menschlichen Natur, die hässlichen materialistischen Dinge könnten sie übermannen und ihnen Schaden zufügen. So zum Beispiel fallen Männer oft beim Anblick ihres eigenen Bluts in Ohnmacht, weil sie nicht daran gewöhnt sind. Aus diesem Grund sollte man sich auch beim Blutspenden in der Rot-Kreuz-Klinik in der Schlange nie hinter einen Mann stellen. Aus irgendeinem geheimnisvollen Grund finden die Männer das Leben viel schwieriger als die Frauen. (Das glaubt meine Mutter trotz der gefangenen, kranken, verschwundenen oder verlassenen weiblichen Körper, die durch ihre Geschichten geistern.) Männern muss es erlaubt sein, in einem Sandkasten ihrer eigenen Wahl zu spielen, so glücklich wie sie nur können, ohne dabei gestört zu werden, weil sie sonst zu nörgeln anfangen und ihr Essen stehen lassen. Es gibt alle möglichen Dinge, die Männer einfach nicht verstehen können, weil sie nicht dafür geschaffen sind, warum es also von ihnen erwarten? Nicht alle teilen diese Meinung über Männer; trotzdem hat sie sich als nützlich erwiesen.

«Sie hat die Sträucher rings um das Haus ausgegraben», sagt meine Mutter. Diese Geschichte handelt von einer zerbrochenen Ehe: eine ernste Angelegenheit. Die Augen meiner

Mutter weiten sich. Die anderen Frauen beugen sich vor. «Das einzige, was sie ihm ließ, waren die Duschvorhänge.» Es folgt ein gemeinsamer Seufzer, ein Ausstoßen von angehaltenem Atem. Mein Vater kommt in die Küche, wundert sich, wo der Tee bleibt, und die Frauen halten dicht, schenken ihm ihr falsches, leeres Lächeln. Kurz darauf geht meine Mutter mit der Teekanne aus der Küche und stellt sie an ihren üblichen Platz auf dem Tisch.

«Ich erinnere mich noch daran, wie wir fast umgekommen wären», sagt meine Mutter. So fangen viele ihrer Geschichten an. Wenn sie in einer ganz bestimmten Stimmung ist, sollen wir wissen, dass unser Leben nur durch eine Reihe erstaunlicher Zufälle und Glückssträhnen erhalten wurde; denn sonst wäre unsere gesamte Familie, jeder einzelne oder alle zusammen, schon längst mausetot. Diese Geschichten erzeugen nicht nur Adrenalin, sondern bestärken uns auch in unserem Gefühl von Dankbarkeit. Das eine Mal, als wir im Nebel beinahe in einem Boot einen Wasserfall hinuntergestürzt wären; oder das andere Mal, als wir beinahe von einem Waldbrand eingeschlossen worden wären; oder als mein Vater direkt vor den Augen meiner Mutter beinahe von einem Dachbalken, den er an Ort und Stelle anbringen wollte, erschlagen worden wäre; oder als mein Bruder beinahe vom Blitz getroffen worden wäre, der so dicht an ihm vorbeischoss, dass er ihn zu Boden riss: «Man konnte ihn zischen hören», sagt meine Mutter.

Und das ist die Geschichte von dem Heuwagen. «Euer Vater saß am Steuer», sagt meine Mutter, «und fuhr genauso schnell wie sonst auch.» Zwischen den Zeilen lesen wir: *zu schnell.* «Ihr Kinder habt hinten gesessen.» Ich kann mich an diesen Tag erinnern, und so weiß ich auch, wie alt ich war und wie alt mein Bruder war. Wir waren alt genug, um Spaß daran zu haben, unseren Vater zu ärgern, indem wir populäre Lieder sangen, die er nicht mochte, wie etwa «Mockingbird Hill»; oder vielleicht imitierten wir auch Dudelsackmusik, indem wir uns die Nasen zuhielten und summten, wärend wir uns mit der Handkante gegen den Adamsapfel schlugen. Wenn wir ihm zu lästig wurden, sagte unser Vater immer: «Gebt endlich Ruhe.» Wir waren noch nicht alt genug, um zu wissen, dass er sich wirklich ärgern konnte: Wir glaubten, es sei auch nur ein Spiel.

«Wir fuhren gerade einen steilen Hügel hinunter», fährt meine Mutter fort, «als unten ein Heuwagen einbog und quer über die Straße fuhr. Euer Vater trat auf die Bremse, aber es passierte nichts. Die Bremse fiel aus! Ich dachte, jetzt hätte unsere letzte Stunde geschlagen.» Zum Glück fuhr der Heuwagen weiter über die Straße, und wir schossen an ihm vorbei und verfehlten ihn nur um einen knappen halben Meter. «Mir blieb fast das Herz stehen», sagt meine Mutter.

Ich erfuhr erst später, was geschehen war. Ich saß auf dem Rücksitz und spielte Dudelsackpfeife, ohne etwas zu bemerken. Das Bild war ganz genauso wie sonst auch immer bei unseren Autofahrten: Ich sah die Köpfe meiner Eltern, die über die Vordersitze ragten, von hinten. Mein Vater hatte seinen Hut auf, den er immer trug, damit ihm von den Bäumen nichts in die Haare fiel. Die Hand meiner Mutter ruhte leicht auf seinem Nacken.

«Ihr hattet einen so scharfen Geruchssinn, als ihr klein wart», sagt meine Mutter.

Jetzt sind wir auf gefährlicherem Terrain: Die Kindheit meiner Mutter ist eine Sache, meine eigene etwas völlig anderes. Das ist der Moment, in dem ich anfange, mit dem Tafelsilber zu klappern, oder mir noch Tee einschenken lasse. «Ihr seid in Häuser marschiert, die euch fremd waren, und habt mit lauter Stimme gesagt: ‹Was ist das für ein komischer Geruch?›» Wenn Gäste da sind, rücken sie ein Stückchen von mir ab, werden sich ihrer eigenen Ausdünstungen bewusst, bemühen sich, nicht auf meine Nase zu sehen.

«Das war mir immer so peinlich», sagt meine Mutter zerstreut. Dann wechselt sie das Thema. «Du warst so ein bequemes Kind. Du bist um sechs Uhr morgens aufgestanden und hast im Spielzimmer für dich allein gespielt, hast gesungen …» Es entsteht eine Pause. Eine ferne Stimme, meine, hoch und silbern, schwebt über den Raum hinweg, der uns trennt. «Du hast immer wie ein Buch geredet. Plapper, plapper, plapper, von morgens bis abends.» Meine Mutter seufzt unmerklich, als würde sie sich wundern, dass ich so still geworden bin, und steht auf, um im Feuer zu stochern.

In der Hoffnung, das Thema zu wechseln, frage ich, ob die Krokusse schon heraus sind oder nicht, aber sie lässt sich nicht ablenken. «Ich brauchte dich nie zu schlagen», sagt sie. «Ein strenges Wort und du warst wieder brav.» Sie sieht mich von der Seite an; sie ist sich nicht sicher, in was ich mich verwandelt habe, oder wie. «Es gab da nur ein oder zwei Ausnahmen. Einmal, als ich weg musste und dein Vater auf euch aufpassen sollte.» (Vielleicht ist das der eigentliche Punkt der Geschichte: die Unfähigkeit von Männern, kleine Kinder zu behüten.) «Ich kam die Straße entlang, und da wart ihr, du und dein Bruder, gerade dabei, oben aus dem Fenster im ersten Stock einen alten Mann mit Erdklumpen zu bewerfen.»

Wir wussten beide, wessen Idee das war. Für meine Mutter ist die richtige Auslegung dieses Vorfalls, dass mein Bruder immer Unfug im Kopf hatte und dass ich sein Schatten war, «leicht zu beeinflussen», wie meine Mutter es auszudrücken beliebt. »Du warst Wachs in seinen Händen.»

«Natürlich musste ich euch beiden die gleiche Strafe geben», sagt sie. Natürlich. Ich setze ein verzeihendes Lächeln auf. Aber in Wahrheit war ich viel gerissener als mein Bruder und ließ mich nur nicht so oft erwischen. Angriffe auf feindliche Maschinengewehrnester aus der vordersten Linie gab es bei mir nicht, wenn es sich vermeiden ließ. Meine einsamen hinterhältigen Taten spielten sich im Verborgenen ab, und nur in der gemeinsamen Attacke mit meinem Bruder warf ich jede Vorsicht über Bord.

«Er konnte dich um seinen kleinen Finger wickeln», sagt meine Mutter. «Euer Vater hatte für jeden von euch eine Spielzeugkiste gemacht, und es galt die Regel –» (meine Mutter ist gut im Aufstellen von Regeln) «– die Regel, dass keiner das Spielzeug aus der Spielzeugkiste des anderen nehmen durfte, ohne vorher um Erlaubnis zu bitten. Denn sonst hätte er dir dein ganzes Spielzeug weggenommen. Aber er hat es auch so bekommen, weißt du. Er hat dich immer überredet, mit ihm Mutter und Kind zu spielen, und dann hat er so getan, als wäre er das Baby. Und dann hat er so getan, als würde er weinen, und wenn du ihn gefragt hast, was er denn will, dann hat er immer etwas aus deiner Spielzeugkiste verlangt, womit er gerade spielen wollte. Und du hast es ihm immer gegeben.»

Daran kann ich mich nicht erinnern, auch wenn ich mich daran erinnere, wie wir auf dem Fußboden im Wohnzimmer den Zweiten Weltkrieg gespielt haben, mit Stoffbären und Stoffhasen als Armee; aber ganz sicher wurden damals einige grundsätzliche Muster festgelegt. Haben mich diese ersten Spielzeugkistenerfahrungen – und «Spielzeugkiste» selbst, als Konzept, ist voller Implikationen –, haben die mich gegenüber Männern, die bemuttert werden wollen, misstrauisch, aber gleichzeitig auch zugänglich gemacht? Hat man mich konditioniert, zu glauben, dass sie, wenn ich nicht um sie besorgt bin, wenn ich nicht für sie verfügbar bin, wenn ich nicht ein unerschöpfliches Füllhorn unterhaltsamer Freuden bin, ihre Sammlung mit Milchflaschenverschlüssen und ihre räudigen einohrigen Teddybären zusammenpacken und allein in die Wälder ziehen werden, um Scharfschütze zu spielen? Wahrscheinlich. Was meine Mutter nur für niedlich gehalten hat, könnte tödlich gewesen sein.

Aber das ist nicht ihre einzige Geschichte über meine Einfältigkeit und meine Leichtgläubigkeit. Sie wartet noch mit dem *coup de grâce* auf, der Geschichte von den Häschenplätzchen.

«Es war in Ottawa. Ich hatte eine Einladung zu einem Regierungstee», sagt meine Mutter, und allein diese Tatsache sollte ein Element des Schreckens ankündigen: Meine Mutter hasste offizielle Veranstaltungen, zu denen sie aber gezwungenermaßen gehen musste, weil sie die Frau eines Beamten im öffentlichen Dienst war. «Ich musste euch Kinder mit dorthin schleppen; wir konnten uns damals nicht sehr oft einen Babysitter leisten.» Die Gastgeberin hatte einen ganzen Teller mit verzierten Plätzchen parat, falls Kinder kamen, und meine Mutter geht jetzt daran, sie zu beschreiben: wunderbare Plätzchen in der Form von Häschen, mit Gesichtern und Kleidern aus buntem Zuckerguss, kleine Röckchen für die kleinen Hasenmädchen, kleine Höschen für die kleinen Hasenjungen.

«Du hast dir eins ausgesucht», sagt meine Mutter. «Du bist damit in die Ecke gegangen, ganz allein. Frau X sah dich und ging zu dir. ‹Willst du dein Plätzchen denn nicht essen?›, sagte sie. ‹O nein›, sagtest du. ‹Ich will nur hier sitzen und mit ihm reden.› Und da saßest du, wunschlos glücklich. Aber jemand hatte den Fehler begangen, den Plätzchenteller dicht bei deinem Bruder stehen zu lassen. Als sie das nächste Mal hinsahen, war kein einziges Plätzchen mehr übrig. Er hatte alle aufgegessen. An dem Abend war ihm vielleicht schlecht, sage ich euch.»

Manche Geschichten meiner Mutter trotzen einer Analyse. Was zum Beispiel ist die Moral von dieser? Dass ich ein Einfaltspinsel war, ist klar genug, aber andererseits kriegte mein Bruder die Bauchschmerzen. Ist es besser, wenn man sein Essen auf eine direkte materialistische Art vertilgt, und soviel, wie es nur geht, oder wenn man sich in eine Ecke setzt und mit ihm redet? Das ist immer eine Lieblingsgeschichte meiner Mutter gewesen: als ich noch nicht verheiratet war und wenn ich einen «Liebhaber», wie mein Vater sich ausdrückte, zum Essen mit nach Hause brachte. Spätestens zur Nachspeise kam die Geschichte von den Hasenplätzchen auf den Tisch, und ich drehte und wendete meinen Löffel, während meine Mutter munter drauflos erzählte. Was sollten sich die Liebhaber eigentlich dabei denken? Wurde meine Freundlichkeit und reine Weiblichkeit vor ihnen ausgerollt, damit sie sie besichtigen konnten? Wurde ihnen auf umständliche Art mitgeteilt, dass ich harmlos war, dass sie erwarten konnten, von mir angesprochen, aber nicht vernichtet zu werden? Oder wollte sie sie irgendwie vor mir warnen? Weil ich mich vielleicht etwas verrückt benehme, ein bisschen wie jemand, von dem man erwartet, dass er plötzlich vom Esstisch aufspringt und schreit: «Eßt es nicht! Es lebt!»

Allerdings gibt es einen Unterschied zwischen Symbolhaftem und Anekdotischem. Wenn ich meiner Mutter zuhöre, muss ich manchmal daran denken.

«In meinem nächsten Leben», hat meine Mutter einmal gesagt, «werde ich ein Archäologe sein und herumfahren und Dinge ausgraben.» Wir saßen auf dem Bett, das früher meinem Bruder, dann mir, dann meiner Schwester, gehört hatte; wir sortierten die Sachen aus einer der Truhen und entschieden, was wir jetzt weggeben oder wegwerfen konnten. Meine Mutter glaubt, was man von seiner Vergangenheit bewahren möchte, sei hauptsächlich eine Frage der Wahl.

Zu diesem Zeitpunkt war in der Familie irgendetwas nicht in Ordnung, irgendjemand war nicht glücklich. Meine Mutter war zornig: ihr Frohsinn zahlte sich nicht aus.

Diese Erklärung von ihr erschreckte mich. Es war das erste Mal, dass ich meine Mutter sagen hörte, sie wäre vielleicht lieber etwas anderes gewesen als das, was sie war. Ich muss damals ungefähr fünfunddreißig gewesen sein, aber es kam mir noch immer schockierend und ein wenig anstößig vor, zu erfahren, dass meine Mutter mit der Rolle, die ihr das Schicksal zugedacht hatte, vielleicht nicht gänzlich zufrieden war: mit der Rolle, meine Mutter zu sein. Was für Daumenlutscher wir doch alle sind, wenn es um Mütter geht, dachte ich.

Kurz darauf wurde ich selber Mutter, und von diesem Augenblick an wurde alles anders.

Während meine Mutter meine fast unmöglichen Haare kämmte, sie über ihren langen Zeigefinger wickelte, mit einem Ruck die Böcke herausriss, las sie mir immer Geschichten vor. Die meisten sind noch irgendwo im Haus, aber eine ist verschwunden. Vielleicht war es ein Buch aus der Bücherei. Die Geschichte handelte von einem kleinen Mädchen, das war so arm, dass es für das Abendessen nur eine Kartoffel übrig hatte, und während es sie briet, stand die Kartoffel auf und lief weg. Es gab die übliche Verfolgungsjagd, aber an das Ende kann ich mich nicht erinnern: eine bedeutsame Lücke.

«Das war eine deiner Lieblingsgeschichten», sagt meine Mutter. Wahrscheinlich hat sie noch immer den Eindruck, dass ich mich mit dem kleinen Mädchen identifizierte, mit seinem Hunger und dem Gefühl von Verlust; während ich mich in Wirklichkeit mit der Kartoffel identifizierte.

Frühe Einflüsse sind wichtig. Dieser brauchte eine Weile, bis er sich zu zeigen begann; vielleicht erst als ich auf die Universität ging und anfing, schwarze Strümpfe zu tragen und mein Haar nach hinten in einem Knoten zusammenzubinden und Ansprüche zu haben. Trübsinn machte sich breit. Unsere Nachbarin, die auf schöne Kleidung bedacht war, setzte meiner Mutter zu: «‹Wenn sie doch nur etwas für sich *tun* würde›», zitiert meine Mutter, «‹sie könnte *so hübsch* aussehen.›»

«Du warst immer so beschäftigt», sagt meine Mutter nachsichtig, wenn sie von dieser Zeit spricht. «Du hattest immer den Kopf voll. Das eine oder andere Projekt.»

Es gehört zu den Mythen meiner Mutter, dass ich genauso fröhlich und produktiv bin wie sie, obwohl sie zugibt, dass diese Eigenschaften gelegentlich und vorübergehend verborgen sein können. Viele Ängste waren mir nicht erlaubt im Haus. Ich musste mich ihnen im Keller hingeben, wo mich meine Mutter nicht beim Brüten aufstöbern und mir empfehlen würde, einen Spaziergang zu machen, etwas für meinen Kreislauf zu tun. Das war ihre Antwort auf jedes noch so kleine Anzeichen einer schleichenden Mutlosigkeit. Es gab nicht viel, was ein flotter Sprint durch tote Blätter, heulende Winde oder Hagelkörner nicht hätte heilen können.

Ich wusste, es war der *Zeitgeist*, der mir zu schaffen machte und gegen den diese einfachen Mittel machtlos waren. Wie Nebel schwebte ich durch ihre Tage und verbreitete Dumpfheit um mich herum. Ich las moderne Gedichte und Berichte von den Gräueltaten der Nazis und trank Kaffee. In weiter Ferne fuhr meine Mutter mit dem Staubsauger um meine Füße herum, während ich in Sesseln saß, studierte, in Autodecken gehüllt, weil mir plötzlich immer kalt war.

Meine Mutter hat wenig Geschichten aus dieser Zeit zu erzählen. Ich erinnere mich nur an den seltsamen Blick, den ich manchmal in ihren Augen entdeckte. Und zum ersten Mal in meinem Leben fuhr es mir durch den Kopf, dass meine Mutter vielleicht Angst vor mir hatte. Ich konnte sie nicht einmal beruhigen, weil ich mir über die Art ihres Kummers nur verschwommen bewusst war, aber es muss etwas in mir vorgegangen sein, das für sie nicht fassbar war: In jedem Augenblick konnte ich den Mund aufmachen und etwas in einer Sprache von mir geben, die sie noch nie gehört hatte. Ich war zu einem Besucher aus dem Weltraum geworden, ein Zeitreisender, der aus der Zukunft zurückkehrt und die Nachricht von einem großen Unglück überbringt.

E

«Hey, das ist der Topper, sechs verschiedene … unglaublich», Chrissi strahlt uns verschwörerisch an.

«Zeig her!» Sarah und ich greifen nach der «Waldmeistersüßspeise», die Chrissi gerade aus der Tiefkühltruhe gezogen hat.

«Okey dokey», Chrissi hält uns die quietschgrüne Packung unter die Nase, dann beginnt sie mit feierlicher Stimme: «E111, E112, E124, E128, E151, E172 – das ist der Hammer, was?»

«Das nehmen wir!» Wir krallen uns vier Packungen, schlendern zur Kasse, schnappen uns noch ein paar Roth Händle ohne Filter und bunte Kaugummikugeln in einer langen Tüte. Draußen setzen wir unsere Disc- oder Walkmen auf, und los gehts zur Hasenheide. Endlich finden wir ein hundefreies Fleckchen, grün muss es nicht sein, aber tölenfrei.

Bis zum Abend picknicken wir, hören Musik, und malen unsere Fingernägel bunt an. Silber, grünmetallic und schwarz.

Bärbel hängt in der Küche auf einem komischen türkisfarbenen Ball mit zwei Griffen. Dieses Ding soll gut für die Gesundheit sein. Sagt sie. Meine Mutter sieht merkwürdig aus, wie sie mit stockgeradem Rücken in einem Buch liest und dabei auf diesem Sitzball hockt. Ich schleiche mich heran, möchte sie ein bisschen erschrecken, vielleicht einen Fuß unter das Ding schieben …? Aber schon hat Bärbel mich aus einem Augenwinkel gesehen. «Hach, Nina, da bist du ja endlich! Ich habe einen Tofuburger für dich aufbewahrt und etwas Grünkohl … wo warst du denn wieder die ganze Zeit nach der Schule?» Ich sehe nur, wie sich die Lippen meiner Mutter bewegen, verstehen tue ich kaum etwas. Ich wühle im Küchenschrank nach Hanuta. Plötzlich steht meine Mutter von ihrem Sitzball auf, knallt ihr Buch hin, irgendetwas von einer Maxi Wander, «Morgen, du irgendwas» lese ich noch, und stürmt in meine Richtung. Zack – reißt sie mir die Kopfhörer vom Schädel.

«Ich – rede – mit – dir!»

«Ja, schon gut, Bärbel, 'n bisschen peaceful bitte.»

Meine Mutter guckt mich wütend an: «Der Mensch hat sprechen gelernt, um zu kommunizieren, nicht um sich den ganzen Tag von irgendwelchem Mist berieseln zu lassen!»

«Schon gut!»

«Also, du muss etwas Vernünftiges essen, mach dir die Sachen warm …»

«Danke, Bärbel, aber … ich habe schon nach der Schule beim Hausarbeiten machen bei Chrissi mitgegessen. Es gab Gemüsepizza und Quark mit Früchten zum Nachtisch.»

Ich lüge wie gedruckt.

«Ach, ja? Das beruhigt mich ja, gehst du jetzt regelmäßig zu Chrissi zum Hausarbeiten machen?»

«Ja, Sarah und Anna und Chrissi und ich. Mach dir keine Sorgen, Babs.»

Ich stecke mir einen Finger in den Mund und lecke die letzten Zuckerkrümel ab.

In diesem Moment kommt Florian in die Küche. Bärbel wurschtelt in der Speisekammer herum, sucht nach einem Kompott. Florian lässt sich auf Bärbels Sitzball nieder und saugt genüsslich an seiner Zigarette mit Mundstück – seine neueste Angewohnheit.

«Runter von meinem Ball!»

Florian bläst den Rauch aus. Bärbel wirft ihm einen mahnenden Blick zu. Florian bläst ein, zwei, drei, vier, fünf Ringe in Olympiaformation aus. Ich klatsche begeistert. Bärbel schlägt mit der flachen Hand auf den Tisch: «Hier – wird – nicht gequalmt, dein Großvater starb nicht im Krieg, sondern an Lungenkrebs, reicht das nicht?!»

Florian schließt die Augen, konzentriert sich auf die nächste Olympiade.

«Hau ab», sagt Bärbel schlicht. Und Florian steht gemächlich auf, würdevoll lädt er noch einen Tofuburger auf seinen Teller, dann dampft er ab. Ich schlurfe hinterher, japanischen Elektro-Pop im Hirn.

Am nächsten Morgen auf dem Schulhof treffen Chrissi, Sarah, Anna und ich uns wie immer in «unserer Ecke», neben den Mülltonnen. Wir hocken uns auf eine Alufolie, die Anna aus der Küche ihrer Eltern hat mitgehen lassen, und tauschen die neuesten Manga-Comics aus. Danach spielen wir mit unseren «Tammagos», kleine, schillernde Figürchen, Miniroboter, die sich bis zu hundert Begriffe einprägen und nachplappern können. Zum Beispiel Matheformeln. Oder Schweinisches. Letztens haben Florian und ich meinen Tammago unter Bärbels Kopfkissen gelegt und nachts laberte der los: «Bärbel, zieh dir die Unterhosen aus, ich will in dich hineinkrabbeln …» Und so weiter. Das hatten wir ihm vorher einmemoriert. Die Dinger sehen total niedlich und harmlos aus, eiförmig und mit großen Augen, die, wenn man mit dem Tammago redet, aufmerksam hin und her wandern. Tammago ist japanisch und heißt zu Deutsch: Ei. Die Ei-Wesen. Sie watscheln auf kleinen Füßchen und haben kleine Stummelflügelchen. Ein intelligentes, mobiles Ei. Aber teuer. Das hat viel Überzeugungskraft bedeutet, um meine Eltern dahinzukriegen, mir ein Tammago zu bestellen. Ich glaube, sie waren am Ende eher mürbe von meinem Gequengel als irgendetwas anderes.

Wir sitzen beim Abendbrot. Ich habe meinen Discman voll aufgedreht; meine Mutter guckt mich schon wieder wütend an:

«Muss das sein, dieses Gewummer die ganze Zeit?»

Dann schaltet sie den Kassettenrecorder aus, die Nachrichten an. Meine Eltern verfallen in diese typische Nachrichten-Hör-Körperhaltung, Kopf zur Seite gelegt, Schultern schlaff nach vorne hängend, Bauch angespannt eingezogen. Irgendetwas mit einer Fusion von Vodafone und Mannesmann, was interessiert mich das, eine Rauchwolke steigt aus unserem Toaster auf. Florian legt mir lachend den verkohlten Toast auf den Holzteller. Ich schütte ihm zum Spaß etwas von meinem Kakao in seinen Tee, er schmiert mir Honig auf die Cervelat-Wurst. So geht das, bis meine Mutter mir, weil ich neben ihr sitze und nicht Florian, der ihr schräg gegenüber sitzt, eine scheuert. Ich stehe auf und knalle die Tür zu. Von wegen antiautoritäre Erziehung und Kinderladen und so weiter, immer wenn's ernst wird, dann: back to the roots. Meine Eltern wollen Bärbel und Peter genannt werden, nicht Mama und Papa, das finden sie zu altmodisch und auch nicht gleichberechtigt, sie nennen uns ja auch nicht Sohnemann und Tochter, sondern Nina und Florian. Aber Ohrfeigen, das ist nicht altmodisch, nein.

Ich gehe in mein Zimmer, schmeiße meine neueste Akiko-CD an und lege mich aufs Bett. Früher wäre ich nach einer Weile Grummeln zu meiner Mutter gegangen, hätte mich beschwert und irgendwie hätten wir uns wieder ausgesöhnt, aber das mache ich jetzt schon seit einer Weile nicht mehr. Mir fallen zu viele Widersprüche in dem Verhalten meiner Eltern auf, als dass ich noch das Vertrauen für eines der früheren Klär-Gespräche hätte. Bestes Beispiel: Letztes Jahr Weihnachten. Bärbel und Peter haben Florian und mir vorher erzählt, wir sollen nicht einfach phantasielos im Kaufhaus irgendein Geldgeschenk kaufen, sondern lieber – jetzt das Zauberwort – «etwas Kreatives machen». Nachher wurden unsere Kunstprodukte dann stillschweigend in den Müll geschoben, die so genannten Geldgeschenke anderer Leute wie langweilige Teeeier, Vasen oder unbrauchbare Bücher natürlich nicht.

Ich bleibe also einfach im Bett liegen und lege King Kong und Kid Kat ein; wie das durch die Adern fegt.

Am nächsten Tag sieht die Welt schon wieder freundlicher aus. Die Schule nervt mich noch nicht rasant, weil seit den Sommerferien erst eine Woche vergangen ist, da sind die seelischen Batterien noch voll aufgetankt. Wir waren familymäßig drei Wochen in Italien staubige Kirchen angucken, Museen und vergammelte Stadtmauerreste. Zum Glück konnten Florian und ich uns manchmal von den Eltern abseilen und an den Strand gehen. Übernachtet haben wir natürlich nicht in einem «gesichtslosen Hotel», sondern in einer «kleinen Pension». Meinen ruhebedürftigen Eltern ist es plötzlich egal, ob im Nebenzimmer zwei Prolls herumgrölen oder ein Baby bis zum Morgengrauen schreit. Sie schaffen es stets, uns «mitten in der Altstadt» einzuquartieren. Altstadt bedeutet nichts Gutes. Römische Steinquader, zerbröselte Säulen, rumpelige Stadtmauerreste, endlos viele muffige Kirchen. Das einzig Gute an diesen Urlaubstrips ist, dass meine Eltern, die sich zu Hause oft streiten, plötzlich ein Herz und eine Seele sind, Hand in Hand vor irgendeinem Portal stehen und wirklich glücklich aussehen. Bärbel und Peter machen Fotos von diesen Portalen, aber Florian und ich machen «glückliche Eltern»-Fotos. In den letzten Urlauben hat mein Bruder sich zum Ärger von Peter und Bärbel angewöhnt, bei den Kirchenbesuchen draußen auf den Stufen zu sitzen, Walkman zu hören, und zu warten, bis sie mit ihrer Führungsgruppe auftauchen. Einmal hat Bärbel fast geweint, weil er sich auf diese Weise «eine der schönsten romanischen Kirchen überhaupt» hat entgehen lassen. Das Dumme ist: Uns gefallen Kirchen einfach nicht. Ich finde sie ungemütlich und die ewig gleichen Leidensbilder nervig. Manche Gotteshäuser sind Horrorkabinette: Von Pfeilen durchbohrte, sich windende Körper, blutüberströmte Gesichter, zersplitterte Gebeine in kleinen Glasschreinen ... aber Bärbel und Peter reden nur über Epochen und Stilbrüche, während ich mir auf die Lippen beiße. Als ich noch kleiner war, habe ich mir die Augen zugehalten.

Ist das Urlaub?

Bärbel hat heute die Fotos abgeholt. Komisch, beim gemeinsamen Foto-Angucken kriegt man immer gute Laune, und alles verklärt sich ein bisschen. Selbst bei unserer Dolomiten-Wanderung, wo wir uns die ganze Zeit über völlig schwachsinnige Sachen gestritten haben, ob der erste Mensch in Afrika oder in China gefunden wurde oder ob die Vereinigten Staaten 50 oder 51 Bundesstaaten haben, was mir eigentlich total schnuppe ist –, selbst da sieht man nachher nur noch die schönen schroffen Berge, Florians braun gebrannten Rücken, meine metallicgrün glänzenden Fingernägel vor der Sonne und Peters riesigen Strohhut.

Nach dem Foto-Angucken rufe ich Sarah an, um mir ihre neuesten Geschichten über Marvin anzuhören, und meine Eltern lesen Zeitung. Noch während ich telefoniere, legt Bärbel eine Hand auf meine Schulter. Ich muss mit dir gleich mal kurz reden, bedeutet diese Geste.

Ich telefoniere sehr lange mit Sarah. Sie war in diesem Sommer zum ersten Mal mit Marvin alleine verreist, das haben ihre Eltern nach endlosen Krächen erlaubt, und jetzt nimmt sie die Pille und ist total happy, und ich höre mir zwei Stunden lang die Hymnen auf ihren Macker an. Bärbel wirft mir ab und zu stirnrunzelnd einen Blick zu, deutet mit einer Hand auf das Geschirr, das sie schon abgewaschen hat und das nur noch abgetrocknet und weggeräumt werden muss. Sie hat es aber, obwohl sie gerade nicht soviel zu tun zu haben scheint, für mich stehen gelassen, damit ich auch noch etwas zu tun kriege.

Jetzt erzähle ich noch etwas am Telefon, allerdings sehr eingeschränkt, da meine Mutter, ich sehe es an ihrer Körperhaltung, mir genau zuhört, und außerdem gibt es bei mir wieder mal gar nichts zu erzählen. Die Jungs in der achten Klasse kann man eben alle vergessen, und Edgar, der schon in die zehnte geht, würdigt mich keines Blickes, obwohl ich mich auf dem Hof in der Raucherecke seit Wochen quasi neben ihm aufbaue. Ich sage zu Sarah, und das sage ich gar nicht so leise, weil ich Mitleid immer gebrauchen kann, dass ich eine Depression hätte. Ich meine das ernst und bin froh zu sehen, dass Bärbel, als sie das hört, für einige Sekunden den Lappen in ihrer Hand still hält.

Jetzt klingelt es an der Tür, das wird Marianne sein, Bärbels Freundin, mit der sie immer zum Yoga geht, zweimal die Woche machen sie das. Und vor den Sommerferien sind sie am Wochenende immer zu einem Shiatsu-Workshop gestiefelt. Da kam Peter auch mit.

Bärbel winkt mir zu und sagt: «Du hast wohl mal wieder die Telefonitis, ich habe dir einen Zettel auf den Küchentisch gelegt!» Dann düst sie ab.

Langsam tut mir mein Ohr weh, auch Sarah sagt, ihre Ohrmuschel hätte langsam die Farbe von Haribo Kirschdrops, wir legen also auf.

Ich presse mir einen O-Saft mit Bärbels neuer Maschine, einem schicken Chrom-Ding, und setze mich aufs Sofa. Dann fällt mir Bärbels Zettel wieder ein und ich stehe noch mal auf. Es ist einer von Bärbels kleinen sechseckigen bunten Memo-Block-Zetteln, die sie mir und Florian dreimal am Tag wegen irgendetwas irgendwo hinlegt.

«Liebe Nina! Wollte eigentlich lieber mit dir darüber reden, nun also schriftlich:

Ich mache mir große Sorgen um deine Gesundheit, seit Tagen liegt das Gemüse unangerührt in der Speisekammer, ich habe den Eindruck, du ernährst dich nur noch von Gummibärchen und Snickers? Ich will dich nicht nerven und ich weiß, du hörst so was nicht gerne von mir, aber ich mache mir einfach Sorgen – auch ob du glücklich zur Zeit bist, Nina-Schatz!? Deine B.»

Hach, das hat sie mir doch schon letzte Woche erzählt, dass Zucker so ungesund ist und mein Zahnarzt sich bedanken wird und dass viele Farbstoffe allergieauslösend sind und dass ich noch im Wachstum bin und und und. Warum soll ich mich fürchten, wenn alle meine Freunde Smarties statt Müsli essen? Außerdem finde ich, dass Bärbel sich erstmal fragen sollte, was sie so macht. Florian und ich haben uns echt Sorgen gemacht, obwohl das eigentlich nicht so unsere Art ist, als Bärbel und Peter letztes Jahr Wildwasser-Kajak-Fahren in der Ukraine waren, ich meine die beiden haben keine Ahnung von Kajaks und von der Ukraine auch nicht. Und dass Bärbel sich jede Woche von so einem komischen Inder in Trance setzen lässt, «Hypno-Therapie» nennt man das, um entspannter zu werden und sich «besser in den Griff zu kriegen», finde ich auch ziemlich suspekt. Ganz zu schweigen von dem Zaster, den der Krempel kostet. Und dann werde ich wegen der Telefonrechnung angemeckert.

Ich stecke meine Taschenlampe und meine Tüte Haribo ein und gehe ins Wohnzimmer.

«Nina, alles okay, wohin gehst denn nun schon wieder, willst du nicht mal einen Abend mit uns hier sein? Es gibt im Fernsehen gerade eine sehr gute Sendung über die Gedenkstätte Plötzensee …»

«Nein danke!», sage ich laut. Ich bin schon zweimal höchstpersönlich in Plötzensee gewesen, einmal mit der Schule und einmal, falls sie sich erinnern können, mit meinen Eltern. Ich habe jedes Mal Albträume nachher gehabt, mich hat das überhaupt nicht kalt gelassen, wie Peter mir vorwarf, bloß weil ich nicht lange bleiben wollte und da drin 'ne Tüte Chips gegessen habe, was er aus irgendeinem Grund »sehr unpassend» fand.

«Wohin gehst du denn jetzt?», fragt Peter.

«Zum Bio pauken bei Anna!», sage ich und sehe ihm betont in die Augen.

«Hast du denn *irgendetwas* Vernünftiges vorher gegessen …?» Jetzt fängt er auch schon so an.

«Jaaaa, ich hab nach der Schule bei Sarah Kartoffelsalat und ein Würstchen vertilgt», lüge ich. In Wirklichkeit haben wir zwei Fanta Grapefruit und vier Tüten Weingummi gekillt. Zum Nachtisch: Rote Grütze mit schön vielen E's drauf.

Diesmal habe ich nicht den Mega-Plan entworfen, um die Wahrheit luftdicht abzusichern, ich hoffe, meine besorgten Eltern kommen nicht auf die Idee, bei Sarahs Mom anzurufen, um sich nach dem Mittagsmenü ihrer Tochter zu erkundigen. Zuzutrauen wäre ihnen das. Aber Peter guckt schon wieder gespannt nach vorne, den Kopf zur Seite gelegt, die Stirn in Falten, die «Nachrichten-Haltung» eben.

Ich düse ab. Ich bin die erste in der Hasenheide, an der besprayten Mauer, wo immer die Skater herumhängen – unser Plätzchen. Ich warte ungefähr zehn Minuten, dann kommt Sarah, kurz danach Chrissi und Anna. Wir tauschen Tapes und stiefeln zu unserer Lieblingswiese. Sie ist ganz weit hinten, wo sich keine Türkenkids mit ihren Tölen und keine Assel-Punks hinverirren. Wir breiten unsere Frottee-Handtücher aus, auf meinem ist Jimi Hendrix' Kopf drauf – voll peinlich, das habe ich heute schnell aus dem Regal gerissen –, ein Relikt von Bärbel und Peter. Wir sitzen mit Walkmen da und rufen laut, wenn wir uns verständigen wollen. Zwischendurch tauschen wir schweigsam noch ein paar Tapes aus.

Dann kommt der große Moment: Wir fassen in unsere Rucksäcke – wir tragen einheitsmäßig nur orangene Eastpak-Rucksäcke, damit jeder sehen kann, dass wir vier Mädchen zusammengehören – und fördern unsere vor den Eltern versteckten Schätze zutage. Wer die meisten E's hat, ist die Siegerin und darf alles mit nach Hause mitnehmen. Ich habe nach der Schule die Lebensmittelabteilung bei Karstadt abgegrast und immerhin «Gezuckerte Bananen» mit fünf E's, «Kirschherzen» mit vier und «Mandarinen-Traubenzucker» ebenfalls mit vier E's gefunden. Stolz präsentiere ich meine Funde. Es geht natürlich nicht nur um die Anzahl der E's, das macht nur nachher die Gewinnerin aus, sondern auch um besondere Prachtstücke, Neuigkeiten auf dem Süßigkeitenmarkt und wohlschmeckende Zuckerdrogen. Unsere Decke glitzert und glänzt von all den bunten Verpackungen. Sarah hat «Erdbeerkekse» mit vier E's, «Smileys» mit vier und «Süße Kissen» mit fünf E's aufgetrieben – wo, verrät sie nicht. Jeder will ja sein Revier für sich behalten. Anna hat «Kokosmakronen» mit zwar nur drei E's, aber so vielen Konservierungsmitteln und

Stabilisatoren angeschleppt, dass jetzt eine wilde Diskussion anbricht, die sogar zum Ausstöpseln der Walkmen führt, ob man diese Stoffe nicht als gleichberechtigt mit den E's beurteilen sollte. Die Puristen setzen sich durch, und Chrissi gewinnt mit sechs E's für «Trauben-Träume».

Großzügigerweise nimmt sie nicht den ganzen Schatz mit nach Hause, und wir legen los. Ich habe extra nichts zu Hause gegessen, Bärbels Sesambratlinge und den Blumenkohl stehen lassen, um jetzt Platz im Magen zu haben. Schlecht wird mir nicht bei dem Zeugs, schlecht wird mir nur bei dem Genörgele meiner Mutter, ob ich denn genug Vitamine zu mir nehme.

Plötzlich zuckt Sarah zusammen. «Da war ein Geräusch», sagt sie und wir drehen uns alle nach der Richtung um, in die sie guckt. Jetzt sehen wir einen etwas fertigen Typen mit Zottel-Iro, hinter dem ein ebenso zotteliger Hund mit Palästinenserhalstuch läuft. Der Typ grinst uns an, er hält eine Dose Bier in der Hand und prostet uns zu. Er spielt eine Weile neben uns mit seinem Hund – bis wir Fantadosen nach der Töle schmeißen und Punk und Bello sich verziehen.

Wir liegen im Gras und strecken alle Viere von uns. Dann fangen wir unter großem Gelächter an, uns von unserer «Burger-Party» im letzten Sommer zu erzählen. Wenn wir nämlich mal Hunger auf etwas Herzhaftes haben, dann gehen wir Burgern. Am Anfang habe ich das noch vor Bärbel und Peter groß herausgekehrt, aber sie haben sich dann so aufgeregt und mir BSE-Geschichten und ich weiß nicht was erzählt, dass ich doch beschlossen habe, es heimlich zu machen.

Jedenfalls war es Chrissis vierzehnter Geburtstag, und sie lud uns alle zu Burger King ein. Bedingung: Keiner verlässt den Laden unter vier verzehrten Whoppern; Salat und anderer Kleinkram zählt nicht. Mir schmeckt Salat sowieso nicht mehr, seitdem es unsere Clique gibt. Wir tragen jede einen Ring am Ringfinger – als wären wir verheiratet, aber innen steht nur: TRASH. Salat ist mir zu lappig, Kartoffeln zu porös, Brot zu trocken, Quark zu fad und Joghurt – gehört auf den Mond.

Wir küssen uns alle zum Abschied auf den Mund, Sarah und ich am längsten, beste Freundinnen eben, und verabreden uns für morgen wieder hier. Ich bin erst um drei zu Hause, meine Eltern schlafen schon. Auf meinem Kopfkissen liegt ein sechseckiger lilaner Zettel mit Bärbels Handschrift:

«Bitte gieß morgen die Blumen, ich sehe nicht ein, warum ich das machen soll, wenn du nie etwas tust – Schlaf gut, deine B.»

Das ist mal wieder typisch von meiner Mutter. Einerseits ärgert sie sich über mich, aber dann macht sie einen unerwarteten Umschwenker, weil sie eben nicht *nur* meckern will und schreibt noch «Schlaf gut». Naja. Immerhin hat sie nicht getobt von wegen erst so spät nach Hause kommen, und wegen des nicht gegessenen Abendbrots hat sie auch keinen Anfall bekommen. Ich tue so, als würde ich mir die Zähne putzen, in Wirklichkeit halte ich das Ding nur einmal unter Wasser, aus Gewohnheit, weil Bärbel ab und zu «testet», ob Florian und ich uns denn wirklich die Zähne geputzt haben, dann haue ich mich ins Bett.

Aber ich kann nicht gleich schlafen, dabei fühlt sich mein Kopf zentnerschwer von all den Gummiherzen, Lakritzrollen, Trauben-Träumen und Kokosmakronen an. Ich muss an meine Eltern denken. Ständig vermitteln sie uns den Eindruck, dass wir uns für nichts «Wichtiges» interessieren, dabei stimmt das doch gar nicht. Ich interessiere mich total für Musik und für Trash-Food – aber irgendwie kommt das bei meinen Eltern nicht durch. Sie meinen, es würde uns «zu gut» gehen, nur dann käme man auf die Idee, sich Texte anzuhören, wo über nichts außer Liebe und Sex gesungen wird, und Lebensmittel zu vertilgen, die früher Luxusgüter waren. Florian steckt sein ganzes Geld in Klamotten. Er liebt einfach Satin. Ich weiß nicht, was daran so schlimm sein soll. Aber für meine Eltern hat es keinen Wert, *dass* man Leidenschaft empfindet und selbst wenn es eben Kirschherzen sind, sondern es kommt darauf an, *wofür* man sich einsetzt. Manchmal habe ich auch das Gefühl, Peter und Bärbel wollen vor uns angeben, wenn sie uns erzählen, was sie damals alles erlebt haben. Bärbel war im Mai 1968 in Paris, Peter hat gesehen, wie auf Dutschke geschossen wurde, und ist sogar einmal selbst verhaftet gewesen. Allerdings nur für eine Nacht wegen wiederholten Schwarz-Fahrens, wie er später zugab. Bärbel erzählt hin und wieder von ihren vielen Freunden, «meine Lover» sagt sie, und Peter guckt dann immer betont locker, aber ich habe doch das Gefühl, dass er das alles nicht so gerne hört.

Meine Mutter geht wie selbstverständlich davon aus, dass ich mit Tobi oder Olli, den beiden Jungs, mit denen meine Mädchencrew ab und zu rumzieht, schon geschlafen habe. Hab ich aber gar nicht. Brennt mir gar nicht so unter den Nägeln, wie sie denkt. Bloß weil ‹King Kong› viel vom Vögeln singt. Einmal haben Tobi und ich in der Hasenheide geknutscht und da haben sich unsere Zungen berührt – blitzschnell schob er mir einen «Bubble Cool» in den Mund –, dann war ich so beschäftigt und berauscht von diesem herrlichen, kalten Kribbeln des Brausekaugummis in meinem Mund, dass ich Tobi und seinen warmen Jungenmund darüber vergaß.

Ich sitze mit meinen Eltern und Florian beim Frühstück, Peter ist gestresst, weil er gleich irgendeine Besprechung hat. Er arbeitet bei einer Zeitung. Es scheint ihn direkt zu stören, dass wir anderen deshalb keine schlechte Laune haben, und er sieht Florian und mich vorwurfsvoll an, als wir herumalbern.

Jetzt kommen wieder die Nachrichten, meine informationssüchtigen Eltern verfallen wie auf Knopfdruck in ihre Nachrichtenhör-Körperhaltung. Es geht um irgendwelche Schwarze Konten und um Flugzeuge, mit denen Minister nicht auf Dienst-, sondern auf Hochzeitsreisen getuckert sind, und um andere langweilige Sachen. Meine Eltern halten die Luft an und rollen mit den Augen.

Am Abend treffen wir uns wieder in der Hasenheide. Chrissis Tammago kann jetzt vierundzwanzig verschiedene E's und die Lebensmittel, in denen man sie findet, aufsagen. Sarahs weiß die Menüliste von Burger King mit Preisangaben und Annas kann Songtexte von Akiko und Fujisan erzählen. Meiner hat nur die dummen Schweinereien seiner Besitzerin im Kopf.

So nett ich unsere Girlcrew finde, so gerne hätte ich doch langsam mal einen Freund. Und Tobi und Olli sind einfach zu sehr Kumpelfreunde, mit denen gehen wir seit Monaten ins Kino oder treffen uns zum Comics austauschen. Aber so einfach ist das alles nicht. Ich weiß, wenn ich immer nur mit der Clique rumhänge, lerne ich nie mal jemand Neues kennen, aber ohne die Clique fühle ich mich einsam.

Ich ziehe mir vier Tüten Haribo, eine Packung Ferrero-Küsse und sieben Maoam-Packungen rein. Später schleppen wir uns über die Wiesen, wo türkische Jugendliche mit ihren Tölen spielen, Mädels mit Kopftuch von ihren Brüdern bewacht werden. Ich wohne seit vierzehn Jahren in Neukölln, aber ich habe noch nie mit einem türkischen Mädchen ein Wort gewechselt – außer in der Videothek.

Mein Traum wäre es, mit einem coolen Typen zusammen nach Tokio zu gehen.

Am nächsten Morgen bleibe ich ewig im Bett liegen. Es gibt heute nichts, worauf ich mich freuen könnte. Es ist Sonntag, ein grauenhafter Tag, an dem meine Eltern immer wieder bei Florian und mir eine Mission starten, wir sollen in irgendeine Ausstellung mitkommen oder mit ihnen über weltbewegende Themen reden.

Ich rufe bei Sarah an. Ihre Mutter ist am Apparat. «Sarah ist heute für vier Tage nach Hamburg gefahren, zu ihrer Stiefschwester. Hat sie dir das nicht erzählt?»

«Ach ja, doch natürlich, entschuldigen Sie …» Ich lege grimmig auf.

Meine Mutter sagt immer, wer nichts mit sich anzufangen wisse und sich oft langweile, sei selbst ein langweiliger Mensch. Sie sagt, selbst der ödesten Umgebung, «zum Beispiel einem Kaff in Kentucky», das ist dann immer ihr Paradebeispiel, warum weiß ich eigentlich gar nicht, könne man noch etwas abgewinnen, wenn man ein «kreativer und interessanter Mensch» sei. Na dann bin ich wohl ein langweiliger Mensch, denn heute, allein in Neukölln, alle Freunde verreist oder nur als Anrufbeantworterstimme zu hören, weiß ich nicht viel mit mir anzufangen. Ich hab alle meine Comics gelesen, die Lebensmittelabteilung von Karstadt hat zu, meine Tapes kenne ich auswendig, und das Hirn von meinem Tammago ist voll. Mehr als hundert Worte kann er eben nicht.

Ich liege im Bett und denke nach. Im Schrank habe ich noch einige Haribo-Tüten, Mandarinen-Traubenzucker und Kirschherzen versteckt. Aber wenn ich ehrlich bin, habe ich jetzt gar keine Lust, die zu essen. Wonach ist mir denn? Nach zwei Monaten E's? Ein Salat mit Tomate, Käse und Gurke wär's jetzt. Ehrlich. Ob ich mir mal so eine Ausnahme gestatten kann? Wenn die Eltern einen nicht dazu zwingen, ist es schon mal etwas anderes und eigentlich ganz okay. Ich muss es ja nicht Sarah morgen erzählen. Ich schlüpfe aus dem Bett, schnappe mir meinen Bademantel und gehe in die Küche. Vorher schaue ich mich um, ob Bärbel in der Nähe ist. Diesen Triumph will ich ihr nicht gönnen. Dann reiße ich den Kühlschrank auf und zerre alles Gemüse, das mir in die Hände kommt, heraus. Ganz ungeduldig mache ich mich daran, den Salat zuzubereiten, zumal ich Angst habe, dass Bärbel doch noch aufkreuzt. Wie gut das Zeugs schmeckt, wenn man so entwöhnt ist. Ich schleiche mich zurück in den Flur und will gerade in mein Zimmer biegen, da zucke ich zusammen:

Meine Mutter steht mit gebeugtem Rücken an meinem Schrank und – schiebt sich ein Kirschherz nach dem anderen in den Mund. Jetzt leckt sie sich die Finger ab. Ich glaube, ich sehe nicht recht. Jetzt gleitet ihre Hand in die Tüte mit den Gummi-Sauriern. Ich hebe den Blick und lasse ihn aus dem Fenster gleiten. Die Wolken, die Sehnsucht, Tokio, das ich noch nie gesehen habe. Ich senke den Blick wieder. Das Rascheln und Knistern verstummt plötzlich, meine Mutter, am Boden sitzend, ertappt, mit den «Indizien» vor sich, starrt mich an.

Langsam fange ich an zu grinsen.

«Gar nicht so übel, wie?»

Bärbel guckt mich verwirrt an, antwortet nicht.

«Weißt du, wo ich gerade war, Mom?»

Bärbel reagiert nicht. Grünlicher Sirup klebt in ihren Mundwinkeln.

«Ich hab ziemlich bei euch im Kühlschrank gewütet … Sorry … ich brauch mal wieder einen Salat.»

Da fängt meine Mutter total zu lachen an, ich kann mich auch nicht mehr halten, wir lachen und lachen und lachen. Dann steht Bärbel mit einem Ruck auf und verlässt mit einem verschwörerischen Grinsen das Zimmer.

JENNY ERPENBECK

TAND

Meine Großmutter liegt auf der Wiese im Liegestuhl. Sie schläft in der Nachmittagssonne und hat zum Schutz ein gebogenes rotes Plastikblättchen auf die Nase gesetzt. Dieses Plastikblättchen hat eine erhabene Äderung, wie ein wirkliches Blatt, und ist allein dazu erfunden worden, Nasen vor der Sonne zu schützen. Ich stehe neben der Liege und betrachte meine Großmutter. Sie hat dünnes, rötliches Haar, durch das die Kopfhaut hell durchschimmert, ihre Augen sind geschlossen, aber das Gesicht hält sie, selbst im Schlaf noch, gerade, hält die gebogene Nase mit dem schützenden Blättchen der Sonne entgegen, lässt den Kopf nicht beiseite fallen, nur das Fleisch ihres Körpers scheint schwerer als im Wachen, scheint in der Hitze geschmolzen und in die Arme und Beine hineingeflossen zu sein, und die Haut hat alle Mühe, diese schlaffen, aber gewaltigen Säulen zusammenzuhalten, sie ist dünn, dünn zum Zerreißen, ist fein und faltig, und schimmert wie Perlmutt. An der Seite, an der ich stehe, hängt eine Hand meiner Großmutter herunter, ich berühre sie vorsichtig mit dem Finger, um zu sehen, ob sie raschelt. Sie raschelt nicht, sie ist lebendig. Meine Großmutter trägt einen Ring mit einem quadratischen Stein am Finger, sie hat ihn niemals abgesetzt, und so ist der Ring im Laufe ihres Lebens unabnehmbar geworden, weil das Fleisch um ihn herum angewachsen ist. Um sich von diesem Ring befreien zu können, müsste sie sich den Finger abschneiden, denke ich, und hüpfe, zwei Stufen auf einmal, zwischen stachligen Büschen zum

Wasser hinunter. Am Nachmittag sehe ich meine Großmutter wieder, als sie zum Ufer kommt, um ihr tägliches Bad im See zu nehmen. Jetzt, schreitend, erscheint sie in ihrer ganzen Größe, auf dem Kopf eine hellblaue, streifenweise gerüschte Badehaube, weite Flächen des Leibes bedeckt von einem handgestrickten Bikini. Ihre weißen Füße sind noch weißer als sonst und geschmückt durch eine blumige Maserung, weil sie in Badeschuhen aus Gummi, Größe 44, stecken. In diesem Kostüm begibt sich meine Großmutter auf die Stufen, die in den See führen, Stufe für Stufe steigt sie in ihn hinein, und in ihm noch geht sie lange, bevor sie zu schwimmen beginnt. Ohne schaudern zu müssen, schreitet sie mit ihren beschuhten Füßen hinweg über alle nasse Unbill, die sich unter der Oberfläche verbirgt: über den feinen Schlamm, in den der Fuß weich einsinkt, über die kalte Quelle, die aus dem Schlamm in den See aufsteigt, über kleine Äste und die schwarzen Früchte der Erlen, die, mit Wasser vollgesogen, am Grund taumeln, über Glasscherben und Algen. Ich treibe auf meiner Insel dahin, einem großen aufgeblasenen Gummireifen, und sehe meiner Großmutter dabei zu, wie sie in den See hineingeht, ich stelle mir vor, wie die Rotbarsche jetzt um die fleischernen Säulen herumschwimmen. Ab einer gewissen Tiefe vertraut sie sich der Oberfläche des Wassers an, legt sich auf den Rücken und lässt sich treiben, Toter Mann heißt diese Schwimmtechnik, ich habe oft versucht, Toter Mann zu schwimmen, bin aber immer gleich untergegangen, die Beine zuerst, gegen meinen Willen, hat sich mein Körper nach unten gebogen wie eine Kerze, die in der Sonne weich wird. Ich bewundere meine Großmutter dafür, dass sie schwimmen kann, ohne sich bewegen zu müssen, vielleicht wird der handgestrickte Bikini, wenn er erst einmal richtig nass ist, sie zu den Rotbarschen hinabziehen, die jetzt unter ihr kreuzen. Im

Moment sehe ich ihre Nase noch über dem Wasserspiegel aufragen, wie die Schwanzflosse eines Haifischs.

Nach dem Bad, bis zum Abendessen, geht meine Großmutter, ebenso wie vormittags, noch einmal an die Arbeit. Arbeit heißt, sie geht in ihr Zimmer, schließt die Tür und memoriert ihre Texte. Manchmal stehe ich im Vorraum und horche. Dieser Vorraum ist ein Schrankzimmer, in die Wände sind ringsherum Schränke eingelassen, und all diese Schränke sind verschlossen, meine Großmutter allein hat den Schlüssel zu ihnen. Der feine Geruch nach frisch gebügelter Wäsche, der aus diesen Schränken dringt, von denen man dennoch nie wirklich wissen kann, was sie enthalten, verbindet sich auf dunkle Weise mit dem verschlossenen Zimmer, von dem ich eigentlich weiß, dass es nur meine Großmutter enthält, aus dem aber eine Vielzahl von Stimmen dringt, die ich nicht kenne. Zwischen mir und den Stimmen ist eine Tür, in die Scheiben aus Milchglas eingelassen sind, die klirren leise, wenn meine Großmutter drinnen im Zimmer auf und ab geht. Manchmal fällt ihr Schatten auf diese Milchglasscheiben, dann wundere ich mich, dass ich den Schatten meiner Großmutter sehe, während ich doch ein junges Mädchen sprechen höre: *Der Not gehorchend, nicht dem eignen Trieb/ Tret ich, ihr Häupter dieser Stadt,/ Heraus zu euch, aus den verschwiegenen/ Gemächern meines Frauensaals, das Antlitz/ Vor euern Männerblicken zu entschleiern.* Kurz darauf sehe ich noch immer den Schatten meiner Großmutter, aber jetzt spricht ein Mann, voller Trotz steht er da und sagt: *Als ich ein Kind war, kehrt ich mein Haupt zur Sonne!* Dann folgt eine große Stille, und diese Stille gebiert eine Stimme, jenseits von Mann und Frau, sie rollt heran wie Donner, die Milchglasscheiben erzittern: *Mahadö, der Herr der Erde!* Nur einen Ausruf gibt es, der nicht in Widerspruch zu dem hexenhaften

Schattenriss mit der Haifischflossennase steht, den ich sehe: *Tand, Tand/ Ist das Gebilde von Menschenhand!* höre ich, und erkenne die Stimme meiner Großmutter, was aber all die anderen Stimmen angeht, frage ich mich, ob meine Großmutter, wenn sie aus diesem Zimmer herauskommt, immer so wenig mit mir spricht, weil sie Angst haben muss, dass ihr die fremden Menschen, deren Stimmen sie offenbar in ihren Besitz gebracht hat, aus dem Mund springen wie der hässlichen Prinzessin die Kröten, wenn sie lügt.

Besuche kommen nicht zu uns, aber zwei Personen sind außer meiner Großmutter und mir noch tagsüber in unserem Haushalt. Da ist zum einen der Gärtner, der, mit einer großen Baumschere bewehrt, dem Wildwuchs an den Rändern des Gartens die Stirn bietet, diese Stirn sieht aus wie ein Stein, hoch, hart und haarlos. Alles, was schief ist, schneidet der Gärtner gerade, und alles was lang ist, kurz. Er spaltet auch Brennholz, reinigt Wasserrohre, schlägt Nägel in Wände. Immer, wenn ich ihm begegne, hält er irgendein schweres Gerät aus Metall in den knochigen Händen und schlägt, sticht oder schneidet damit herum. Manchmal habe ich gedacht, dass er die Nächte, in denen er ja nicht bei uns arbeiten kann, dazu verwendet, sich selbst zu bearbeiten: sein Haar so kurz zu schneiden, dass es eben noch hinreicht, den öligen Seitenscheitel hineinzuritzen, sich die Fingernägel abzubeißen, die Wangen auszuhöhlen, die Haut an den Rändern des Schädels straff zu ziehen.

Die andere Gesellschaft in unserem Haushalt ist die Frau, die für uns kocht, weil meine Großmutter nicht kochen kann. Diese Frau hat jedes Jahr ein anderes Gesicht. Die eine hat zu viel geredet, die andere zu viel geweint, die dritte ihre Familie zu uns eingeladen, die vierte mussten wir nicht selbst wegschicken, sie war dem Gefängnis entlaufen und ist eines Tages von der Polizei abgeholt worden. Die Köchinnen kommen und gehen, aber es gibt immer drei Gänge zum Mittag. Es gibt klare Rindsuppe, oder Tomatensuppe mit Sahnehäubchen, es gibt diverse Cremesuppen aus den Gemüsen des nachfolgenden Hauptgangs, oder Brühe mit Eierstich, dann Braten und dampfenden Blumenkohl mit Bröseln, oder Spargel mit holländischer Sauce, oder gekochtes Rindfleisch, oder Pellkartoffeln mit Kräuterquark, oder gebratenen Fisch mit Reis, es gibt Gulasch und Knödel oder Eintöpfe mit viel Kümmel. Und hin und wieder gibt es ein Schüsselchen Bregen für meine Großmutter, Bregen, das Gehirn vom Rind. Ich beobachte, wie sich meine Großmutter dieses Gehirn in ihren Kopf hineinsteckt, indem sie isst, und frage mich, ob das wohl ihre Methode ist, zu den vielen Stimmen zu kommen. Erdbeerquark, Eis mit Sahne, Obstsalat, Vanillepudding, Heidelbeeren. Und dann schlafen. Meine Großmutter mit dem geäderten Blättchen auf der Nase, und ich im Schatten unter dem Rotdorn, die Köchin klirrt von ferne mit dem Geschirr, der Gärtner verwandelt Schnitt für Schnitt den Garten in Reisig, und ich soll schlafen, aber ich flechte Zöpfe in die Fransen der Wolldecke, unter der ich liege, ich will nicht schlafen, ich finde es langweilig, und warte nur auf den dunklen Pfeifton, der ebenfalls im Kopf meiner Großmutter wohnt, und anzeigt, dass sie eingeschlafen ist. Dann hüpfe ich, zwei Stufen auf einmal, zwischen den stachligen Büschen zum Wasser hinunter.

Nach dem Abendessen, zu Beginn der Nacht, wird meine Goßmutter häufig von ihrem Fahrer abgeholt und in die Stadt chauffiert. Im Gegensatz zum Reigen der Köchinnen bleibt der Fahrer all die Jahre über immer derselbe, mit einem eingedellten Hut, den er leicht anhebt, um zu grüßen, und weil auch der Hut all die Jahre über derselbe bleibt, ist die Stelle, an der er angehoben wird, schon ganz speckig geworden. Meine Großmutter tritt in der Stadt vor Publikum auf, sie ist Sprechmeisterin, und auf einem Plakat, das im Wohnzimmer hängt, steht der Eintrittspreis, den die Leute zahlen müssen, um sie sprechen zu hören. Ich würde den Eintrittspreis gern zahlen, um meine Großmutter sprechen zu hören, denn sie spricht sonst nicht viel mit mir, und es wäre mir auch egal, ob es ihre eigene Stimme wäre, oder eine von den fremden Stimmen, die sie in ihren Besitz gebracht hat, aber sie nimmt mich niemals mit. Der Fahrer fügt zu den Griffen, die seinen Hut speckig gemacht haben, einen weiteren hinzu, um sich von mir zu verabschieden, dann hält er meiner Großmutter die Tür des Wagens auf, reicht ihr den Arm, und erst, als sie bequem sitzt und alle Teile ihres langen glänzenden Kleides glücklich zu sich hineingezogen hat, schlägt er die Tür sanft hinter ihr zu und fährt mit ihr fort.

Nachts ist die Köchin nicht da, da verdorren die Kräuter, die sie in kleinen Wassergläsern ans Küchenfenster gestellt hat, da wird das Brot, das wir übrig gelassen haben, flauschig vom Schimmel, da verlieren die Kannen ihre Deckel und Teller gehen zu Bruch, da wird der Zucker im Glas gelb, und das Salz feucht, wie einen Stein könnte ich es auf jemanden werfen, wenn jemand da wäre. Nachts befällt Grünspan die Messer, und die Schubladen quellen auf, sodass man sie nicht mehr bewegen kann, die Marder auf dem Dachboden jagen und beißen sich und zerpinkeln mir die Zimmerdecke über dem Kopf, die Vorhänge klemmen und reißen, und die Fensterrahmen werden weit und lassen das Glas los, das Glas fliegt, fällt und splittert, die Köchin ist nicht da. Nachts ist der Gärtner nicht da, er ist jetzt bei sich zu Haus, steht vor einem halb blinden Spiegel und schneidet an sich herum, reißt sich die Haare aus, gräbt sich mit einem Meißel das Fleisch aus den Wangen und verbeißt sich in die eigenen Hände, niemand mehr da, der dem Wald die Stirn bieten könnte, niemand, die Zeit in saubere Stücke zu schneiden, nachts höre ich das Gras wachsen, ich höre, wie das Gras sich von unten heraufschlängelt und die Wege verwischt. Die Köchin ist nicht da, der Gärtner ist nicht da, und ich, ich, ich warte auf meine Großmutter.

Als ich groß genug bin, um meiner Großmutter beim Spazierengehen den Arm zu reichen, beginnt sie, mich im Sprechen zu unterrichten. Sie zerlegt für mich die Worte in einzelne Stücke, die ich wieder und wieder hersagen muss, bis sie jenseits von jedem Sinn so geläufig sind wie eine eigene Sprache. Ma, Me, Mi, Mo, Mu, Mei, Meu, Mau, Mü, Mö, Mä. Dann gibt sie mir Sätze zu sprechen, legt mir dabei aber Steine in den Mund, damit die Zunge lernt, sich um jedes Hindernis herumzuwinden. Anfangs ersticke ich beinahe an diesen Übungen und muss mich vor allem darauf konzentrieren, mich nicht zu erbrechen, aber schließlich hört man kaum noch, wie der Kiesel beim Sprechen gegen die Zähne schlägt, und die Sätze erscheinen klar und deutlich, sei es nun südlich, nördlich, westlich oder östlich des Findlings, mit dem meine Großmutter mir den Mund gestopft hat. Später folgt eine Übung, bei der meine Großmutter und ich in zwei diagonal gegenüberliegenden Ecken eines Zimmers stehen. Wir rufen uns zu: Heh! Immer wieder: Heh! Heh! Ich verstehe nicht, warum ich, wenn ich mit meiner Großmutter in einem Zimmer bin und sie gut sehen kann, ihr Heh! zurufen soll, aber irgendwann gibt es einen Moment, in dem mein Ton wie ein Strahl wird, den ich auf sie richte, und das ist der Moment, in dem ich zum ersten Mal das Gefühl habe, sie zu treffen.

Nun bin ich in meinem Gaumen, meiner Kehle, meiner Mundhöhle zu Haus, ich habe die Wörter in meinen Besitz gebracht, sie wohnen auf meiner Zunge und zwischen meinen Lippen, ich atme durch die Nase bis tief in den Körper hinein, und füttre die Wörter mit Luft. Meine Großmutter lehrt mich jetzt mehrere Sätze hintereinander sprechen, sodass sie eine Landschaft ergeben, lehrt mich Pausen machen und schweigen, dann lehrt sie mich, dass man weinen kann, wenn man weinen will, und lachen, wenn man lachen will. Weinen oder lachen, so laut und solange man will. Und ganz zum Schluss lehrt sie mich, hinter meine Stimme zurückzutreten, als würde ich einfach nur jemandem, der sprechen will, meinen Körper leihen, damit er sich bemerkbar machen kann, und meine Gedanken, um zu denken, und meine Gefühle, um zu fühlen. Und jetzt verstehe ich, warum meine Großmutter nie als Großmutter mit mir gesprochen hat – sie ist so weit hinter ihre Stimme zurückgetreten, dass sie ihre Enkelin nicht mehr hat sehen können. Schließlich beginne ich, öffentlich aufzutreten, ich rezitiere Gedichte, Balladen und Monologe aus Theaterstücken, und es kommen Leute, die Eintritt zahlen, um mich sprechen zu hören. An den ersten Abenden sitzt meine Großmutter im Publikum und applaudiert mit ihren weichen Händen, die gar keinen Knall machen können. Dann sagt sie: Ich werde nicht mehr auftreten, du machst das gut. Sie sagt es so, als würde sie einen großen und schweren Haufen Ziegelsteine zu mir herüberkippen. Ich liege unter Staub und Schutt und sage Nein, aber meine Großmutter hat beschlossen, meinen Widerspruch nicht zu hören. Von diesem Tag an tritt sie tatsächlich nicht mehr auf, aber zu Haus höre ich sie noch immer hinter verschlossener Tür sprechen, als würde sie üben, nur die Texte kenne ich nicht und kann die Worte nicht verstehen, manchmal höre ich sie auch lachen, aber es ist nicht das Lachen, das sie mir beigebracht hat: So laut und solange man lachen will, sondern ein zartes, feines, ein Gespinst von einem Lachen, eigentlich das Lachen eines jungen Mädchens. Nach und nach wird mir klar, es muss ihr eigenes Lachen sein, das da zu ihr heimgekehrt ist wie eine verlorene Tochter, ein junges Lachen, das bei seiner Rückkehr einen alten Körper vorgefunden hat, in den es nun wieder eingetreten ist. Als ich sie frage, mit wem sie spreche, und in welcher Sprache, sagt sie, sie spreche mit den Vögeln und mit dem Hund des Nachbarn, der immer zu ihr herüberbelle, dann belle sie zurück. Sie zieht die eine Hälfte ihrer verdorrten Lippen nach oben: Sie lächelt. Am nächsten Morgen sehe ich sie an den Rändern des Gartens umhergehen, und immer wieder stehenbleiben und lauschen. Sie geht schwer, mit schiefen Hüften, die Arme hat sie quer über dem Rücken ineinander verschränkt, so dass sie von hinten aussieht wie eine, die abgeführt wird. Dann wieder, wenn sie stehenbleibt und ins Dickicht hineinschaut, reckt sie den Kopf, als hätte sie etwas gefragt und sei sie mit der Antwort, die der Wald ihr gibt, nicht ganz einverstanden. Nachdem sie lange an verschiedenen Stellen in diese ihr entgegenwuchernden Zweige und Äste hineingelauscht hat, kommt sie ins Haus zurück und setzt sich auf die Bank im Flur, damit ich ihr die Schuhe ausziehen kann, die mit silbernen Schnallen besetzt und groß wie Schiffe sind und nass vom Tau. Wo ist eigentlich der Gärtner geblieben?, fragt sie. Der Gärtner ist doch vor Weihnachten gestorben, sage ich. Ach, das wusste ich nicht, sagt sie, und lächelt abermals. Zum Aufstehen reicht sie mir ihre Hand, und die Hand ist klebrig wie die Rinde von Bäumen, aus denen man das Harz laufen lässt, bevor sie gefällt werden.

Meine Großmutter geht mir jetzt hin und wieder verloren. Nachdem sie den Garten bis zu den Rändern erkundet hat, spaziert sie hinaus auf die Straße, sie geht mühsam, aber zielstrebig, und macht dabei runenförmige Bewegungen mit den Armen wie eine Schildkröte, als wolle sie sich von der Luft abstoßen, wolle all das, was es gibt, bald hinter sich bringen. Einmal finde ich sie vor einem Nebeneingang zum Nachbarhaus, der, seit ich mich erinnern kann, niemals benutzt worden ist. Er ist ganz mit Efeu zugewachsen und die Türklinke ist verrostet. Meine Großmutter ist die bemoosten Stufen hinaufgestiegen und schlägt jetzt mit hocherhobenen Fäusten gegen die Tür. Da nehme ich sie beim Arm und führe sie nach Haus. Wen hast du gesucht, frage ich sie. Meine Mutti, antwortet sie. Sie ist hinter der Tür?, frage ich. Ja, sagt sie. Woher weißt du das? Ich habe gestern mit ihr gesprochen. Worüber denn?, frage ich. Über alles, sagt sie, über das, was mich bedrückt, und das, was mich freut.

Meine Großmutter pudert sich jetzt manchmal zu dick oder vergisst, den Reißverschluss ihrer Hose zuzumachen, manchmal hat sie Flecken auf der Bluse, oder ihre Fingernägel sind schmutzig, sie vergisst, sich die Haare, die ihr aus dem Gesicht wachsen, auszureißen. Sie sieht jetzt nicht mehr aus wie eine Frau, sieht auch nicht mehr aus wie eine alte Frau, sie sieht jetzt einfach nur noch wie etwas Altes aus, jenseits von Mensch, Tier oder Pflanze, als führe das Alter sie in eine allgemeine Tarnung hinein, die notwendig ist, damit sie schließlich ganz in Natur übergehen kann.

Mit diesem Körper, der nun abgenutzt ist, hat meine Großmutter nicht mehr viel im Sinn. Muss ich essen?, fragt sie mich, und ich sage: Aber ja. Hab genug davon, sagt sie und wehrt ab, als ich ihr Fleisch auftun will, nur ein Salatblatt schiebt sie sich Stück für Stück zwischen die Zähne, dann stochert sie in ihrem Kompottschälchen herum oder rührt im Eisbecher, bis das Eis geschmolzen ist, und schlürft dann den Becher aus. Es langweilt mich, sagt sie, es ist immer das gleiche, man steckt es oben hinein und unten kommt es heraus. Muss ich essen? Aber ja. Manchmal schiebt sie mir ihre Portion hin, damit ich aufesse, was sie übrig gelassen hat. Erst denke ich, es sei ihr einfach zu viel, aber dann wird mir klar: Sie will überprüfen, dass sie noch isst, was Menschen essen. Es ist langweilig, sagt sie.

Muss ich sie sehen, wenn sie tot ist?, fragt sie mich. Ich verstehe nicht. Ich bin noch nie bei einer Beerdigung gewesen, sagt sie, und fragt wieder: Muss ich sie sehen, wenn sie tot ist? Jetzt verstehe ich. Nein, sage ich, du musst sie nicht sehen. Das ist gut, sagt sie. Ich habe noch nie eine Leiche gesehen, sagt sie. Nur Mutti. Ganz kurz. Dann nimmt sie den Ring mit dem quadratischen Stein vom Finger und steckt ihn wieder auf, nimmt ihn ab, steckt ihn auf. Das geht jetzt ganz leicht, die Finger sind dünn geworden. Nimmt ihn ab, steckt ihn auf. Ich werde keine gute Leiche abgeben, sagt sie. Ich gewöhne mir jetzt an, nachts neben dem Bett meiner Großmutter zu schlafen, denn sie findet nicht mehr aus dem Schlaf heraus, verirrt sich, wenn sie auf Toilette gehen will, kennt das Haus nicht mehr, in dem sie ihr Leben verbracht hat. Manchmal auch spricht sie im Traum, oder ruft etwas, als erwarte sie Antwort. *Tand, –!*, ruft sie, *Tand, –!* Irgendetwas in mir sträubt sich dagegen, die Zeile, deren Scherbe da im Traum meiner Großmutter stecken geblieben ist, zu Ende zu sprechen, ich liege neben ihr und träume selbst, und in meinem Traum weiß ich, dass meine Großmutter nur so lange leben wird, wie das Gedicht unvollendet bleibt. Meine Großmutter scheint nicht unzufrieden darüber, dass ich ihr antworte, indem ich stumm bleibe, und sagt: Komisch, wie sich *ein* Wort seinen Weg durch das Dickicht der Wörter bahnt.

Als meine Großmutter merkt, dass während ihres Schlafs auch Tage dahingehen, setzt sie sich auf die Bettkante, um wachzubleiben. Wie kann man leben, wenn man nur schläft, fragt sie mich. Sie ist noch immer so groß, dass sie im Sitzen ihre Füße auf den Boden stellen kann, aber die Füße sind nackt, weil sie nicht mehr in die Hausschuhe hineinpassen. Der Körper meiner Großmutter ist abgemagert, aber voller Wasser, wie ein leckgeschlagenes Schiff, und wenn sie sitzt, fließt das Wasser in ihre Füße. Ich erkenne die Zehen noch als die Zehen meiner Großmutter, als die Urform meiner eigenen Zehen, aber das Wasser attackiert diese Form von innen, es setzt dazu an, sie zu sprengen. Jetzt hat der See doch noch seinen Weg in meine Großmutter hinein gefunden, muss ich denken, und sehe meiner Großmutter einige Tage und Nächte beim Sitzen zu. Solange ich sitze, lebe ich, sagt sie, und sitzt.

Dann kommt der Tag, an dem ich sagen muss: Der Wagen ist vorgefahren. Meine Großmutter zweifelt daran, dass der Fahrer noch lebt, aber ich sage: Sicher lebt er noch. Sie schaut den Fahrer an, der ihr die Tür aufhält, aber zum Gruß nicht den Hut anhebt, er hat auch gar keinen Hut, und meine Großmutter sagt: Das ist nicht mein Fahrer, aber ich sage: Natürlich ist er es, und drücke sie auf den Sitz nieder, und biege und schiebe ihre Füße so lange, bis sie in das Auto hineinpassen. Als ich vom Krankenhaus zurückkomme, gehe ich hinauf ins Schrankzimmer, um an der Verbindungstür zum Zimmer meiner Großmutter zu horchen. Die Milchglasscheiben der Tür klirren leise, als ich näher komme, aber sonst bleibt alles still. Der Geruch nach frisch gebügelter Wäsche dringt aus den Schränken, sie sind noch immer verschlossen, obgleich ich weiß, wo der Schlüssel hängt, seit ich den Haushalt führe. Ich nehme den Schlüssel vom Haken, öffne die Schränke und blicke auf die Stapel gestärkter Bettlaken, auf bestickte Kopfkissenbezüge, Paare ineinander gefalteter Socken und lange Reihen von Blusen. Ich habe die Ordnung der Wäsche gewahrt, wie meine Großmutter sie zeitlebens gewohnt war, habe gewaschen, gebügelt und zusammengelegt, und den Schlüssel an seinen Platz zurückgehängt. Ich bin meiner Großmutter in ihre Ordnung hinein gefolgt, aber sie hat sich davongemacht, wird mir jetzt klar, und sie hat nichts mehr abschließen müssen, um sich davonzumachen, sie ist einfach etwas anderes geworden, wie eine Mumie, die sich bei ihrer Entdeckung in Staub verwandelt und auffliegt. Jetzt erinnere ich mich an einen Satz, den sie an einem jener Tage gesagt hatte, an denen sie mir verloren gegangen war. Ich hatte sie an einer Straßenecke wiedergefunden, dort stand sie und reichte jedem, der vorüberging, die Hand. Warum gibst du all diesen fremden Leuten die Hand?, hatte ich sie gefragt, und sie hatte, ohne mit dem Abschiednehmen aufzuhören, geantwortet: Ich bin auf dem Weg zum Goldenen Vlies.

Ich öffne die Tür zu einem Zimmer, an dem irgendeine Nummer steht. Ich will meiner Großmutter Gute Nacht sagen. Sie liegt schon zugedeckt im Bett, und ihr Körper ist so wenig geworden, dass er die Decke kaum anhebt. Eine Handvoll Körper liegt da unter der Decke, und zum ersten Mal im Leben beuge ich mich zu diesem Körper hinunter, um ihn zu umarmen, um das Wenige zu umarmen, was von meiner Großmutter noch da ist. Als ich mich auf der Schwelle noch einmal zu ihr umdrehe, sehe ich: Sie ist schon eingeschlafen, aber ihre Arme streckt sie immer noch nach mir aus, bis über den Schlaf hinaus ragen sie mir hinterher.

JANET FRAME

Schwäne

Sie waren fertig zum Abmarsch. Mutter und Fay und Totty standen fein gemacht, fast wie für einen Sonntag, beim Tor, Mutter mit ihrem Strohhut mit den Muscheln darauf und Fanny in ihrem Karokleid, das Mutter geschneidert hatte, und Totty, ja, wo war denn Totty, gerade war sie doch noch hier?

«Totty», rief Mutter. «Wenn du dich nicht beeilst, verpassen wir noch den Zug, er geht in zehn Minuten. Und wir dürfen nicht vergessen, wir müssen an der Beach Street aussteigen. Ich meine zumindest, Dad hätte Beach Street gesagt. Jetzt beeil dich, Totty.»

Totty kam von der Waschküche hergelaufen, die sich hinterm Haus befand.

«Mum, schnell, ich hab Gypsy gefunden, und ihr Kopf hängt runter, wie bei den anderen Katzen, und sie stirbt, glaube ich. Sie ist in der Waschküche. Mum, schnell», rief sie aufgeregt.

Mutter schien ein wenig kopflos. «Beeil dich, Totty, und du komm wieder zurück, Fay, Mieze erholt sich schon wieder. Wir geben ihr jetzt etwas Milch, da in dem Topf ist welche, und wickeln sie in eine Decke, und wenn wir nach Hause kommen, geht's ihr wieder gut.»

Zu dritt liefen sie eilig nach hinten zur Waschküche. Dort war es dunkel, nur durch das kleine, quadratische Fenster, das zerbrochen und mit Packpapier geflickt worden war, fiel ein wenig Licht hinein. Die Katze lag auf einem Stapel Säcke in einer Ecke, dicht beim Waschkessel. Ihr Kopf hing herab und ihre Augen glänzten wie von einem Fieber oder einem Gift, aber sie war am Leben. Sie fanden einen sauberen Blechdeckel und kippten etwas warme Milch hinein, und aus einem der Regalborde zogen sie eine staubige Decke. Die Falten waren ganz grünlich und haarig und hafteten aneinander, und eine große Kellerassel mit Bergen und Tälern auf dem Rücken fiel zu Boden und kroch langsam über den geborstenen Betonboden zu einem Unterschlupf an der Wand. Totty vergaß sogar, sie einzusammeln. Sie sammelte solches Getier, Kellerasseln und Ohrenkneifer und Spinnen, obwohl man bei den Ohrenkneifern aufpassen musste, denn wenn man im Gras lag und schlief, krabbelten sie einem ins Ohr und bauten sich dort ihr Nest, und dann musste man zum Arzt und sich im Ohr rumstochern lassen.

Sie deckten Gypsy zu und gaben ihr alle noch einen leichten Klaps. Keine Sorge, Gypsy, sagten sie. Heute Abend sind wir wieder da und kümmern uns um dich. Wir fahren jetzt an den Strand. Wiedersehen, Gypsy.

Und Mutter stand schon wieder am Tor und wartete ungeduldig.

«Nun beeilt euch. Mieze geht's jetzt bald besser.»

Mutter sagte immer bei allem, es würde wieder gut, bei Katzen und Vögeln und sogar Menschen, als wüsste sie es, und so war es auch, Mutter wusste immer alles.

Aber Fay schlich sich noch einmal zurück, um noch einen Blick in die Waschküche zu werfen.

«Versprochen», rief sie der Katze zu. «Wir sind bald zurück, du wirst sehen.»

Und im nächsten Augenblick waren die drei, Mutter und Fay und Totty, durchs Tor, und Mutter scheuchte die beiden kleinen Mädchen mit einer fegenden Bewegung ihrer Arme vor sich her.

Ach, der Zug und die bunten Bilder am Bahnhof, Südamerika und Australien, und die Flasche mit der Limonade, die man nur halb ausbekam, weil man schon zu voll war, und die Schinkenbrote, die sich an den Ecken hochbogen, weil sie alt waren, sagte Dad, und er *kannte sich aus*, und die Kaninchen und Kühe und Bullen draußen in den Koppeln, und die Schafe, die vor dem Getöse des Zugs davonstoben, und die Häuser, die wie in einem Traum kamen und gingen, klacketi-klack, Kaitangata, Kaitangata, und der Zug hielt an und keuchte, und der Mann, der mit dem Stock gegen die Räder klopfte, und der dicke Schlauch aus Gummi, um der Lokomotive etwas zu trinken zu geben, und die Stimmen der Leute im Wagen, die redeten und redeten und warteten.

«Vergiss nicht, Beach Street, Mum», hatte Dad gesagt. Dad war arbeiten, seit sechs Uhr früh schon, und konnte nicht mit. Es war merkwürdig ohne ihn, denn sonst kümmerte er sich immer um alles. Er besorgte den Tee und die Limo und die Sandwiches und wusste, welche Station welche war und wo und warum und wie, Mutter dagegen nicht. Mutter bekam oft keine Limonade mehr, und sie hüstelte, bevor sie mit den Kindern sprach, und dann auch nur im Flüsterton, damit die Leute im Wagen nichts mitbekamen und sonst was dachten, und sie sagte: Ich habe wirklich keine Ahnung, Kinder, als sie sie nach der Station fragten, aber sie war dick und warm und kannte sich mit Katzen und winzigen Ohrringösen aus, und Vater war hart und knochig, und sein Gesicht kratzte, wenn er einen küsste.

Ach seht doch, der Strand kommt, jetzt muss er bald kommen.

Der Zug hielt mit einem Ruck an und stieß eine Rauchwolke aus, als wäre er gestorben und am Ziel und würde niemals mehr anderswo hinfahren, einfach am Meer bleiben, obwohl man das Wasser von hier aus nicht sehen konnte, und die Waggons wären leer und würden langsam vor sich hin rosten, als hätten die Leute darin ein Ziel erreicht und könnten nie mehr zurück, als hätten sie nach jahrelanger, ununterbrochener Reise das gefunden, wonach sie gesucht hatten. Doch sie empfanden es als Belästigung und waren verärgert, dass sie sich nun bewegen mussten. Im Mund haftete ihnen der Geschmack von Rauch, sie mussten hochgreifen nach Hut und Mantel und Koffer und sich das Haar kämmen und das Make-up auffrischen, gewiss, sie waren angekommen, aber bei der Ankunft musste man ordentlich aussehen, mit frisch geputzten Schuhen und gut sitzendem Haar und ohne glänzende Nase. Fay und Totty sahen zu, wie die Döschen auf- und wieder zugeklappt wurden, und die beiden kleinen Mädchen wussten ganz sicher, dass sie nie groß werden und Leute in ausgebeulten Kleidern sein würden, Leute, die linke und rechte Maschen strickten, während das Wollknäuel sicher und sauber in einem adretten braunen Beutel mit Malven und Mohnblumen darauf steckte. Malven und Mohnblumen und ein großes rotes Monogramm, um deutlich zu machen, dass man man selbst war und nicht womöglich jemand anderes, wie man heimlich befürchtete, doch das war Fay und Totty egal, sie gingen an den Strand.

Der Strand. Warum gingen denn alle anderen nicht zum Strand? Anscheinend waren sie die einzigen, denn als sie in die fichtenbestandene Straße einbogen, die auf das Geräusch zuführte, das die See jetzt unaufhörlich in ihren Ohren verursachte, ging niemand sonst mit. Wo waren denn die anderen hin? Warum waren hier keine anderen Leute?

«Warum, Mum?»

«Es ist ein Wochentag, Küken», sagte Mum lächelnd und fett, jetzt, wo die Hetzerei vorüber war. «Die anderen sind wohl zur Arbeit gegangen. Ich weiß nicht. Aber da wären wir. Müde?» Sie bedachte sie beide mit dem Blick, den sie so liebten, so wie abends auf Besuch bei anderen Leuten, wenn sie von ihren Cousins und dem ewigen Versteckspielen genug hatten und nach Hause ins Bett wollten. Müde?, meinte sie immer. Und Fay und Totty gähnten dann, als könnte nichts auf der Welt sie noch wach halten, und Mutter sagte wissend und liebevoll: Hier bekommt jemand Besuch vom Sandmännchen. Aber nein, jetzt waren sie nicht müde, denn es war Tag und die Sonne, wenn auch eine trübe, traurige Sonne, schien und Vögel flogen umher, und der Tag war zum Wachsein da und die Nacht zum Schlafen.

Sie liefen vorneweg, Mutter hinterdrein, denn sie wollten endlich das todtraurig klagende Geräusch der See gegen den tröstlicheren, näheren Anblick der langen grünen und weißen Wellen eintauschen, die unaufhörlich über den Sand schwappten. Hier waren sie noch nie gewesen, nicht an dieser See. Sie waren schon an anderen Stränden gewesen, mit Karussells und Schaukeln und Rutschen, unter Menschen, anderen Mädchen und Jungen und Müttern, meine haben das Wasser so gern, sagten die Mütter immer und redeten von meinen und ihren und ihm, was Vater bedeutete, oder vom Alten, wenn sie schon abgeklärter waren, doch Mutter war nie so abgeklärt.

Die Straße war steinig, und die kleinen Mädchen, die den Korb trugen, hatten ganz wundgestoßene Zehen, als sie am Ende ankamen, aber es war ein Riesenspaß und doch auch merkwürdig, denn sie waren ganz allein, weit und breit keine anderen Familien, und Fay dachte ganz kurz, was, wenn es auch kein Meer gibt und kein gar nichts?

Aber das Meer toste ihnen in den Ohren, das stimmte, wirkliches Meer, schau nur, weiß brach es sich auf dem Sand und die Möwen schrien und glitten dahin und kleine weiße

Gischtfetzen wirbelten umher und sieh nur all die bunten Muscheln, schau da, eine kleine rosafarbene, wie ein Fächer, und ein Katzenauge. Gypsy. Und sieh nur die Algen, schau mal, ich hab ein rundes Ding gefunden, das Plopp macht, man tritt drauf und es ploppt, lass das mal ploppen, siehst du, es ploppt, und die kleinen Mädchen rannten hin und her und ließen es ploppen und ploppen und hoben dies hoch und betrachteten jenes und fassten alles an und lauschten, und Mutter ließ die Algen ebenfalls ploppen, schau nur, Mum macht das auch und Mum hat eine Krabbe.

Aber es kann nicht immer so weitergehen.

«Wo ist denn die Stelle, wo wir unsere Sachen hintun, und die Karussells und die Bude zum Umziehen und so, und wo ist die Bude mit dem Eis?»

Buden gibt es nicht, nur einen kleinen Schuppen mit Bänken, auf denen Vogelmist klebt und in die Ecke sind alte Zeitungsfetzen gestopft und die Wände sind voller Schmierereien, lauter unanständiges Zeug.

«Mum, sind wir zum falschen Meer gekommen?»

Mutter wirkte ratlos. «Ich weiß es nicht, Kinder, keine Ahnung.»

«Ist es das falsche Meer?» Totty krähte die Frage nun auch.

Es war das falsche Meer. «Ja, Kinder», sagte Mutter, «das ist ja nun seltsam, ich dachte sicher, ich hätte behalten, was Vater mir gesagt hat, aber das ist ja unmöglich, dabei war ich sicher, ich hätte es behalten. Ist das nicht komisch. Ich wusste nicht, dass es so sein würde. Ach, die Dinge sind nie, wie man meint, sie sind anders und traurig. Ich weiß nicht.»

«Schaut mal, ich habe den größten Plopp von allen gefunden», rief Fay, die weggestromert war und nur noch ans Ploppen denken konnte. «Den größten Plopp von allen», wiederholte sie zur Erklärung. «Kommt doch mal.»

Eigentlich war es also ganz in Ordnung, es war ein gutes Meer, man konnte den Schaum aufheben, bevor er gelb wurde, und seine Schuhe ausziehen und die Füße so weit im feuchten Sand versinken lassen, bis man fast verschwand und in Spanien wieder auftauchte, da tauchte man nämlich wieder auf, wenn man versank. Und in dem kleinen Schuppen konnte man essen und sich hinter den Binsen umziehen, aber schwimmen gehen konnte man nicht.

«Nicht in diesem Meer», sagte Mutter bestimmt.

Sie fühlten sich stolz. Es war ein hervorragendes Meer, oh, und ein wunderbares, laut in den Ohren und grün und blau und braun, wo die Algen trieben. Wale? Haie? Robben? Es war genau die richtige Sorte Meer.

Den ganzen Tag auf dem Sand, rennen und springen und Räder schlagen und Unmengen von Muscheln finden und Burgen bauen und sich begraben und wieder ausbuddeln lassen, tot sein und wieder lebendig werden, wie die Leute in der Bibel. Und in dem kleinen Schuppen essen, denn der Himmel hatte sich bewölkt und ein kalter Wind war aufgekommen, der die Wipfel der Fichten schüttelte, als wolle er sagen, ich werd euch lehren, und sie vor und zurück schnellen ließ wie bei einer teuflischen Turnübung.

Tomaten, und ein Feuer, das einem ins Gesicht loderte. Wenn der Rauch hervorbrach, wünschte man sich etwas. Aladdin und der Flaschengeist. Was hast du dir gewünscht?

Ich wünschte, heute wäre immer, aber noch mit Vater, der uns auf dem Knie hoch und runter hopsen lässt. Hoppe hoppe Reiter, wenn er fällt, dann schreit er.

«Totty, jetzt bin ich dran, nicht wahr, Dad?»

«Ihr seid beide dran. Na kommt, fällt er in den Graben, fressen ihn die Raben.» Nicht Vater weg zum Arbeiten, sondern Vater hier, wie er das Feuer macht und Stöcke zerbricht, flink und gekonnt, und Vater, der einem dieses und jenes zeigt und erklärt, warum. Warum? Wusste jemals jemand auf der Welt warum? Oder taten sie bloß so, als ob, weil sie nicht wollten, dass jemand wusste, dass sie nichts wussten? Warum?

Sie waren auf dem Heimweg, als sie die Schwäne sahen. «Wir nehmen hier diesen kürzeren Weg», sagte Mutter, die sich umgesehen hatte. «Wir marschieren auf diesem Streifen Land über die Lagune, und ganz schnell sind wir an der Station und dann geht's heim ins Bett.» Sie lächelte und legte die Arme um sie beide. Alles war warm und sicher und richtig, und je dunkler es in der Welt draußen wurde, desto sicherer fühlte man sich, denn Mutter und Vater waren ja da, für immer und ewig.

Sie traten den Marsch über die Lagune an. Es wurde jetzt rasch dunkel, und die Dunkelheit kommt ganz verstohlen. Ach, im Zug nach Hause, wo der Schaffner die Lampen anzündet und der glänzende glatte Sitz einem immer härter vorkommt und man kaum noch die Augen offen halten kann, das Meer tost einem noch in den Ohren, und den kleinen Beutel voll Muscheln hat man irgendwo hinten auf den Sitz gelegt, ganz zerdrückt und sandig und feucht, und die Babykrabbe ist auf den Boden gefallen, tot und salzig und steif.

«Bald sind wir wieder zu Hause», sagte Mutter, und dann nichts mehr.

Es war dunkles, schwarzes Wasser, geheimnisvoll, und die Luft war erfüllt von Gemurmel und Geraschel, es war, als beträten sie eine andere Welt, die vor allen geheim gehalten worden war, und sie hatten sie jetzt gefunden. Massig ruhte die Dunkelheit über dem Wasser und zog sich hinüber gen Osten, so dicht, als könnte man sie anfassen, und bald würde sie noch weiter anschwellen und die Erde erfüllen.

Die Kinder sprachen jetzt nicht, sie waren müde, das Sandmännchen kam nun wirklich, und Mutter war traurig und still, das falsche Meer bedrückte sie, was hatte sie nur getan, sie war ganz sicher gewesen, die Dinge anders vorzufinden, wie sie gesagt hatte, Karussells und Schaukeln und Rutschen für die Kinder, und noch andere Mütter, vor denen man mit den Kindern ein wenig angeben konnte, für ihr Alter waren sie doch ziemlich aufgeweckt, was hatte sie bloß getan?

Dann blickten sie über die Lagune und sahen die Schwäne, schwarz und glänzend, als hätte die aufziehende Dunkelheit, ihrer Gestalt überdrüssig, sich in Vögel verwandelt, hunderte, die auf dem Wasser ruhten und leise umherglitten. Ja, die Lagune war voller Schwäne, wie geheimnisvolle traurige Schiffe, geheimnisvoll und still. Sch-sch, sagte das Wasser; zisch-sch, der Wind, der über die Wasseroberfläche strich; sonst kein Geräusch außer dem Rascheln der Binsen und in weiter Ferne, so schien es nun, dem Tosen der See, einer geheimen See, die einem für immer in den Kopf gekrochen war. Und die Schwäne, sie waren auch dort, in einem drinnen, friedlich und still, schauend und schlafend und schauend, es gab nichts als Frieden und Wärme und Ruhe, alles war gefunden, Zug und Meer und Mutter und Vater und Ohrenkneifer und Kellerassel und Spinne.

Und Gypsy?

Doch als sie heimkamen, war Gypsy tot.

BARBARA FRANCK

Schaum auf dem Meer

Warum regnet es nicht an so einem Tag müsste es regnen Ich kann nichtmal schreien Man hat sie schließlich im Schilf gefunden Die Wohnung ist viel kleiner ohne sie wieso kleiner Warum fühle ich nichts Vaters Foto ist weg nur noch der leere Rahmen auf dem Radio Nimmt man ein Foto mit wenn man ins Wasser geht Ich hätte Haare waschen sollen bevor ich zum Bahnhof gerast bin man sollte ordentlich aussehen wenn die eigene Mutter sich umgebracht hat Warum warum warum Sie hat einen Brief hinterlassen er liegt vor mir auf dem Tisch Meine Mutter ist tot In zweiundzwanzig Jahren nicht einmal richtig miteinander geredet und nun ein Brief Habe ich geahnt dass sie es irgendwann tun würde Nein Ja Wenn dann mit Tabletten schließlich ist sie Krankenschwester War sie Krankenschwester Sie ist da und doch nicht da wie immer Ich habe Angst den Umschlag zu öffnen er ist so dick Wusste sie dass sie es tun würde als wir am Sonntag telefonierten Ich würde gerne weinen können Wenn ich nicht in die Stadt gezogen wäre wenn ich sie häufiger besucht hätte wenn ich ihr nicht erzählt hätte dass ich mich verliebt habe wenn Ich mache den Umschlag jetzt auf Es ist gar kein Brief von ihr Es sind MEINE BRIEFE Meine Kinderbriefe die damals plötzlich aus dem Schrank verschwunden waren.

Lieber Papa,
Du willst bestimmt wissen, warum ich dir schreibe, obwohl du doch vermisst bist und ich gar nicht weiß, wo du wohnst. Ehr-

lich gesagt, weiß ich auch nicht genau, warum. Oder doch, aber das schreib ich dir später. Ich weiß nichtmal nicht genau, was das heißt, vermisst. Bloß, dass es mit dem Krieg zu tun hat und mit Gefangenschaft. Vielleicht ist es ja so ähnlich wie beim Versteckspielen – du bist weg und keiner weiß, wo. Aber dann wird man doch irgendwann gefunden oder kommt von alleine wieder raus.

Vielleicht heißt es ja auch so, weil Mama immer sagt: «Du kannst dir gar nicht vorstellen, wie sehr ich deinen Vater vermisse.» Und dann weint sie und hört auch nicht auf, wenn ich sie tröste. Sie weint überhaupt ziemlich viel.

Ich vermisse dich glaub ich auch, obwohl ich dich ja noch nie gesehen habe, bloß ein Foto von dir. Es steht in Mamas Zimmer auf dem großen Radio, das von vorne aussieht wie ein Sofakissen und in der Mitte ein Auge hat. Der Bilderrahmen ist ganz aus Silber, und meistens steht eine Vase mit Alpenveilchen daneben. Wenn Mama zur Arbeit ist, nehm ich das Foto manchmal runter und guck dich ganz genau an. Du siehst ziemlich ernst aus, als wenn grade jemand mit dir geschimpft hat, oder als wenn die Uniform ein bisschen kneift. Trotzdem bist du wunderschön, mindestens so schön wie der Prinz in der «Kleinen Seejungfrau». Kennst du Andersens Märchen? Ich lese sie grade abends im Bett, heimlich, mit der Taschenlampe. Lesen im Bett ist nämlich verboten, weil es die Augen verdirbt.

Der Prinz hat kohlschwarze Augen und eine hohe, schöne Stirn – genau wie du auf dem Foto. Überhaupt siehst du gar nicht aus wie ein Vater, jedenfalls nicht so wie der von Helga, die in der Schule neben mir sitzt. Helgas Vater ist viel älter und viel dicker, aber der hat ja auch einen Bauernhof. Und wie Papa Heuss siehst du auch nicht aus, du weißt schon, der mit den silbernen Haaren, von dem neulich das Foto in der Zeitung war. Wenn ich nach der Schule nach Hause komme und mir das Essen warmge-

macht hab, geh ich manchmal runter zu Frau Krosinke und helfe ihr ein bisschen. Abtrocknen oder Wäschelegen oder Klopapier reißen aus alten Zeitungen. Und wenn sie nicht zu müde ist, kann ich Frau Krosinke auch was fragen, oder sie erklärt mir, was in der Zeitung steht. Zum Beispiel das Foto mit Papa Heuss: Da schenkt er grade dreißig Trümmerfrauen ein Kreuz mit Band, weil sie das verdient haben. Sie haben nämlich Deutschland wieder aufgebaut. Oder das von Soraya. Die ist wunderschön und eine richtige Prinzessin, nicht nur im Märchen. Um das Foto von ihr hab ich extra drumrum gerissen, so hat man auf dem Klo noch was zu begucken. Wenn wir mit der Arbeit fertig sind, trinkt Frau Krosinke manchmal einen Eierlikör, und dann darf ich das Glas auslecken. Aber das ist unser Geheimnis.

Lieber Papa, in drei Tagen haben wir Geburtstag. Beide am gleichen Tag, ist das nicht komisch? Und auch noch an einem Sonntag. Ich werde zehn Jahre alt und gehe in die vierte Klasse. Für mein Alter bin ich ziemlich groß, jedenfalls sagt Frau Krosinke das. Wenn sie mich ärgern will, sagt sie manchmal auch: «Annakind, du hast ja deine schwarzen Augen schon wieder nicht gewaschen», und dann lacht sie. Aber das ist nicht so wie Auslachen, wie die Mädchen in der Schule das tun, wenn sie «Vogelscheuche» zu mir sagen. Weil ich meistens Kleider anhab, die aus alten genäht sind. Wir haben nämlich nicht so viel Geld. Bei Frau Krosinke ist Ärgern lieb gemeint. Manchmal nimmt sie mich dabei auch in die Arme, und dann landet mein Kopf genau in der Mitte von ihrem Busen. Das fühlt sich an wie im Winter, wenn ich die Mütze mit den Ohrenschützern aufhab. Frau Krosinke ist nämlich ziemlich dick. Ach ja, und meine Haare sind braun und blond durcheinander, vor allem jetzt im Sommer, und leider ganz glatt. Sie gehen mir bis auf die Schultern, aber ich darf sie nicht offen tragen, sondern muss mir immer Zöpfe flechten. Damit ich einen ordentlichen Eindruck mache.

Ich schreibe dir das alles, damit du weißt, wie ich aussehe. Dann erkennst du mich gleich, wenn du nicht mehr vermisst bist. Aber ich muss jetzt aufhören. Mama kommt grade die Treppe rauf, und wenn sie merkt, dass ich noch Licht anhab, mach ich sie wieder traurig. Das ist immer so, wenn ich ungezogen bin. Ich werde den Brief ganz hinten im Schrank verstecken. Morgen schreib ich dir wieder.
Deine Anna

Lieber Papa,
heute schreibe ich dir unter der Bettdecke, auch wenn das schwierig ist, wegen der Taschenlampe. Mama liegt auch schon im Bett, sie hat Kopfschmerzen. Und wenn ich Licht anmachen würde, könnte sie es durch die Ritze unter der Tür sehen, unsere Zimmer liegen nämlich gegenüber. Es ist aufregend, dir unter der Bettdecke zu schreiben. Ich hab schon überlegt, ob ich Helga davon erzähle, aber ich glaube, besser nicht. Sie würde es nicht verstehen. Sie versteht auch nie, wie schwer das mit Mama ist.
Die einzigen, mit denen ich darüber reden kann, sind Toxi und Frau Schulze. Als ich noch klein war, war Frau Schulze meine Lieblingspuppe. Sie ist aus Stoff und hat gar kein richtiges Gesicht mehr, weil ich sie immer mit ins Bett genommen hab. Jetzt mag ich Toxi viel lieber. Toxi ist eine Negerpuppe. Mamas Bruder hat sie mir letztes Jahr zu Weihnachten geschenkt. Da waren alle in meiner Klasse ganz neidisch, das war schön. Toxis Haare fassen sich an wie der Topfschrubber in unserer Küche, aber das macht nichts. Ihre Haut sieht aus wie Schokolade. Wie bei der Toxi in dem Film, den es neulich in den «Lichtspielen» gab. Helga ist mit ihrer Oma drin gewesen. Ich durfte nicht mit. Für so was verschwenden wir kein Geld, sagt Mama. Die Toxi im Film weiß auch nicht, wo ihr Vater ist. Helga hat mir das alles ganz genau erzählt. Und ihre Mutter will nichts von ihr

wissen, darum lebt sie in einem Kinderheim. Das stell ich mir lustig vor, mit so vielen anderen Kindern. Jedenfalls, wenn wir spielen, ist Toxi immer das Kind, und Frau Schulze ist die Mutter.

Lieber Papa, ob Mama auch eine Trümmerfrau ist? Es ist schade, dass ich dich nie was fragen kann. Wenn ich Mama nach solchen Sachen frage, also die mit dem Krieg zu tun haben, dann sagt sie meistens: «Das verstehst du noch nicht.» Oder sie fängt an zu weinen. Und wenn ich sie dann trösten will, sagt sie: «Lass nur, es ist nichts». Dann weiß ich gar nicht mehr, was ich machen soll. Es ist ja doch was, das merke ich genau.

Und wenn ich zu Frau Krosinke runtergehen will und Mama das merkt, dann sagt sie immer, ich soll die Leute nicht belästigen. Wir können froh sein, dass wir hier wohnen dürfen. Früher, als noch Krieg war, haben wir in der Stadt gewohnt, aber daran kann ich mich nicht erinnern. Da war ich noch ein Baby. Jetzt sind wir ausgebombt. Das ist auch so ein schweres Wort, wie vermisst. Wir haben hier im Dorf bei Krosinkes zwei Zimmer und eine kleine Küche, in der wir uns auch waschen. Das finde ich nicht so schlimm, man muss bloß aufpassen, dass man nicht spritzt, weil dann der Fußboden ruiniert wird.

Ich finde Krosinkes sehr nett, nicht nur, weil sie mir ziemlich viel erlauben. Hinter dem Haus ist ein großer Garten, und wo er zu Ende ist, fängt der See an. Ich darf überall spielen und von dem wackeligen Steg aus im See baden und wenn ich vorsichtig bin, sogar mit dem alten Boot von Herrn Krosinke ins Schilf staken. Bloß losmachen darf ich es nicht, dabei kann ich seit zwei Jahren schwimmen. Ich hab sogar schon meinen Freischwimmer gemacht. Sonntags schenkt mir Frau Krosinke immer ein Stück Kuchen von gestern, Krosinkes haben nämlich eine Bäckerei. Die ist unten im Haus, darum riecht es bei uns auch immer so gut. Krosinkes finden auch gar nicht, dass ich sie belästige, sondern

freuen sich, wenn ich komme. Weil ihre Kinder schon groß sind und in der Stadt wohnen.
Ich glaube nicht, dass Mama eine Trümmerfrau ist. Jedenfalls sehen die Frauen auf dem Foto in der Zeitung, die gerade das Kreuz kriegen, irgendwie anders aus als Mama. Die lachen alle. Und Mama ist auch viel zu dünn, um Deutschland wieder aufzubauen. Das muss doch furchtbar anstrengend sein. Sie isst aber auch nicht ordentlich. Manchmal decke ich extra schon den Tisch, bevor sie abends nach Hause kommt, aber das nützt nichts. Dann sitzt sie einfach da und guckt aus dem Fenster, als wenn ich gar nicht da bin. Meistens macht sie dabei so ein komisches Gesicht. So eins, wie wenn man zu heiße Milch getrunken hat und sich dabei die Lippen verbrannt hat, und nun muss man sie ganz doll zusammenpressen, damit es nicht so wehtut. Aber vielleicht kann sie ja auch nicht essen, weil sie sich als Krankenschwester dauernd Sorgen machen muss um Leute. Dann hat man bestimmt keinen Hunger mehr.
Lieber Papa, es wäre so schön, wenn Mama eine Trümmerfrau wäre. Eine Trümmerfrau-Mutter hat hier im Dorf kein einziger, und wo du doch schon vermisst bist. Ich hab Frau Krosinke gefragt, aber die weiß es auch nicht. Sie hat bloß gesagt, Mama ist eine Trauerfrau, oder so ähnlich, und dann hat sie mich in den Arm genommen. Dass sie eben immer traurig ist und nichts dafür kann und dass sie das nicht böse meint.
Manchmal sonntags, wenn Mama nicht arbeiten muss, gibt sie sich plötzlich so einen Ruck. Dann denk ich, oh, jetzt gehen wir spazieren oder baden oder so. Aber dann sagt sie meistens: «Komm, wir wollen es schön haben, wir machen jetzt mal richtig sauber.» Einmal hab ich dann schon gesagt, dass ich Bauchweh hab, aber das hat nichts genützt. Dann stellt sie alle Möbel hoch und fegt aus und feudelt, und ich muss Staubwischen. Jedes klitzekleine Stück. Aber meistens steh ich ihr bloß im Weg. Ich

glaube, Mama macht Saubermachen Spaß. Mir nicht so. Zum Schluss geht sie dann in jede Ecke und guckt, ob noch irgendwo ein Fussel liegt. Wenn sie einen findet, sammelt sie ihn auf. Ein Fussel ist doch kein Floh, der beißt doch nicht! Dann ist endlich alles sauber genug, und wir sitzen da, und irgendwie ist es trotzdem nicht schön.
Mama geht auch nie in den Garten, obwohl Krosinkes ihr das bestimmt erlauben würden. Ich glaube, der ist ihr einfach zu unordentlich. Die Blumen wachsen alle durcheinander, nicht in richtigen Beeten. In Beeten wachsen bloß die Bohnen und Salat und Erdbeeren. Unten am See stehen ganz krumme Weiden, in denen man klettern kann, und dahinter kommt das Schilf. Aus den braunen Rohrkolben und aus den Schilfhalmen mit den Puscheln oben dran hat Frau Krosinke einen großen Strauß gemacht. Der steht in einer Milchkanne im Flur. Der reinste Staubfänger, sagt Mama. Es gibt auch noch drei Apfelbäume und eine Laube aus Fliederbüschen, und in der Mitte vom Garten ist eine große Wiese voller Gänseblümchen und Hundekraut. Das heißt in Wirklichkeit Löwenzahn. Ich habe grade zwei Pflanzen in die «Deutschen Heldensagen» gelegt, um sie zu pressen. Später klebe ich sie dann in ein unliniertes Heft. Immer wenn ich dran denke, setze ich mich beim Essen auf die Sagen, damit es schneller geht.
Ich bin jetzt ganz müde und kann nicht mehr gucken. Das kommt bestimmt von der Taschenlampe. Nur noch zwei Tage bis zum Geburtstag! Morgen schreib ich dir wieder.
Deine Anna

Lieber Papa,
Das war wieder ein heißer Tag heute! Gut, dass ich Ferien habe. So konnte ich morgens schon schwimmen gehen. Schade, dass du nicht hier bist. Ich würde dir so gerne meine Lieblingsplätze zei-

gen. Da verstecke ich mich, wenn ich Mama mal wieder traurig gemacht habe. Oder wenn sie Kopfweh hat. Dann nimmt sie diese kleinen blauen Tabletten und kriegt so eine komische Stimme. So, als wenn sie noch nicht ganz wach ist. Das ist irgendwie gruselig, das macht mir Angst. Dann muss ich manchmal selber weinen, auch wenn ich gar nicht will. Das kommt von ganz alleine. Oder wie von Bauchschmerzen in der Brust.

Der eine Platz ist auf Krosinkes Dachboden. Da steht eine große Truhe voller Kleider und Hüte von früher. Es riecht nach Mottenkugeln und nach getrockneten Apfelringen. Die hat Frau Krosinke auf eine Schnur gefädelt, nun hängen sie da wie eine Kette für die Dachbalken. Manchmal spiel ich Verkleiden, dann bin ich Soraya oder eine andere Prinzessin oder die Kleine Seejungfrau. Manchmal kletter ich auch einfach in die Truhe zwischen die Kleider. Dann kann mich keiner finden, und ich kann überhaupt nicht hören, wenn Mama mich ruft.

Der andere Platz ist noch viel schöner, bloß kann man da nur im Sommer hin, so wie jetzt. Der ist mitten im Schilf. Man muss ganz vorsichtig über den Holzsteg balancieren, weil der schon ganz wackelig ist und weil man barfuß aufpassen muss, dass man sich keinen Splitter holt. Aber immer noch besser, als durchs Wasser zu gehen. Der Boden im See ist nämlich ganz weich und glitschig, so wie Pudding, und man sackt ganz tief ein. Das finde ich eklig. Und die Füße müssen ganz vorsichtig sein und aufpassen, dass sie nicht auf was Hartes treten, eine Scherbe oder so. Manchmal ist es aber auch eine Muschel, das ist dann schön.

Am Ende vom Steg hat Herr Krosinke sein Boot mit einer Wäscheleine festgebunden. Das Boot ist so alt, dass es schon Löcher hat, aber die sieht man nicht. Meistens muss ich erstmal mit einer Konservendose ein bisschen Wasser rausschöpfen. Dann mach ich die Leine so lang es geht und nehm eins von den Rudern und stake mit dem Boot mitten ins Schilf, und dann bin ich weg.

Manchmal stelle ich mir vor, dass gleich die Kleine Seejungfrau auftaucht und mit mir redet. Sie hat es ja auch nicht leicht im Leben. Manchmal lese ich auch. Dabei lege ich mich ganz flach auf den Boden, auch wenn mein Kleid dann ein bisschen nass wird. Dann sieht das Schilf beinah aus wie ein Wald. Wenn ich vorsichtig mit dem Boot hin- und herschaukel, gluckert das Wasser, und es riecht irgendwie gut, so geheimnisvoll. Mama sagt, der See riecht verfault, aber das finde ich nicht. Manchmal kommen Haubentaucher ganz dicht ans Boot, und Libellen schweben über dem Schilf. Die sind wunderschön. Sie haben einen blauen Körper und ganz dünne Flügel, wie aus Seidenpapier, und sie können in der Luft stillstehen. Manchmal schwimmt auch ein toter Fisch vorbei, immer mit dem Bauch nach oben.
Lieber Papa, kann es sein, dass Mama gar nicht weiß, dass ich sie lieb hab? Sonst könnte sie doch nicht immer so traurig sein. Man ist doch traurig, wenn man nicht lieb gehabt wird, so wie die Kleine Seejungfrau. Der Prinz mit den kohlschwarzen Augen und der hohen schönen Stirn will nämlich eine andere heiraten, eine Prinzessin, und die Kleine Seejungfrau ist ein Findelkind. Jedenfalls glaubt der Prinz das. Einmal sagt er zu ihr: «Mein stummes Findelkind mit den sprechenden Augen», und dann küsst er ihren roten Mund. Aber heiraten tut er trotzdem die Prinzessin. Da bricht der Kleinen Seejungfrau das Herz, und sie stirbt und wird zu Schaum auf dem Meer. Das muss schrecklich sein. Hier auf dem See gibt es keinen Schaum, aber ich kann mir vorstellen, wie er aussieht: Wahrscheinlich so, wie wenn man Brausepulver in die Hand schüttet und dann reinspuckt.
Lieber Papa, du musst versprechen, es niemandem zu erzählen, wirklich niemandem. Ich glaube, ich bin auch ein Findelkind. Ich wollte es dir gleich im ersten Brief schreiben, aber es ging nicht. Und weil ich bloß ein Findelkind bin, hat Mama mich

nicht lieb. Wenn ich ihr richtiges Kind wäre, würde sie bestimmt mit mir rumtoben und lachen, und dann könnte ich morgens in ihr Bett klettern und mit ihr schmusen und eine Kissenschlacht machen. Ganz bestimmt ist es so. Neulich bin ich heimlich an ihren Schrank gegangen und hab das Fotoalbum rausgeholt. Das guckt sie nachts manchmal an, und dann weint sie. Ich hab das durchs Schlüsselloch gesehen. In dem Album sind Fotos von früher, auch von eurer Hochzeit. Da ist Mama so schön wie eine Fee und ganz fröhlich, aber da gab es ja auch noch dich.
Das mit dem Findelkind muss wirklich ein Geheimnis bleiben. Nicht mal Helga oder Frau Krosinke dürfen es wissen. Findelkinder gibt es hier im Dorf nämlich auch nicht. Und wenn es rauskommt, sagen sie noch schrecklichere Sachen zu mir als «Vogelscheuche».
Ich bin eben nochmal ganz leise ans Fenster gegangen und hab rausgeguckt, weil ich nicht schlafen kann. Es geht einfach nicht. Über dem See ist es ganz nebelig, und ein Kuckuck hat gerufen, fünfmal. Das bringt Geld ins Portemonnaie. Morgen haben wir Geburtstag. Ich wünsche mir, dass du nicht mehr vermisst bist, sondern ganz schnell nach Hause kommst. Du musst auch keine hohe schöne Stirn haben und kohlschwarze Augen wie der Prinz.
Deine Anna

Lieber Papa,
herzlichen Glückwunsch zu deinem Geburtstag. Wie alt wirst du eigentlich? Hast du viele Geschenke gekriegt? Und hast du gefeiert? Bei mir war es nicht so schön. Es fing schon so doof an. Morgens war ich ganz früh wach. Da bin ich ganz leise die Treppe runtergeschlichen und in den Garten gegangen, Blumen pflücken. Weiße und lila Ackerwinden, meine Lieblingsblumen. Sie wachsen in der Hecke neben dem Misthaufen. Ich wollte sie Mama schenken, für die Vase neben deinem Foto. Das stellt sie

an deinem Geburtstag immer auf den Frühstückstisch, damit du bei uns bist. Leider war ich barfuß, dadurch habe ich Dreck in die Wohnung getragen. Das war natürlich sehr ärgerlich. Die Winden hat sie in einen Becher getan und aufs Fensterbrett gestellt.

Ich habe ein Buch gekriegt, «Gisel und Ursel», darauf freu ich mich schon. Und Buntstifte und einen Zeichenblock und ein paar Kniestrümpfe. Aber dann kam die große Überraschung. Frau Krosinke klopfte an die Tür. Ich dachte, sie wollte den Kuchen bringen. Das hatte sie versprochen, weil Helga und ein anderes Mädchen aus meiner Klasse nachmittags zum Kaffeetrinken kommen wollten. Aber sie hatte einen Schuhkarton in der Hand, und weißt du, was da drin war? Eine winzigkleine, ganz süße graue Katze! Die war für mich, zum Geburtstag. Mir wurde ganz heiß und dann ein bisschen schlecht, bestimmt vor Aufregung. Ein eigenes Kätzchen! Es war ganz zutraulich, als ich es rausgenommen hab. Es ist gar nicht weggelaufen, sondern hat mich neugierig angeguckt. Ich glaub, ich hab mich noch nie im ganzen Leben so gefreut.

Bloß hat Mama dann gleich gesagt: «Das Tier kommt mir nicht ins Haus. Überall Katzenhaare, womöglich auch noch im Bett. Kommt nicht in Frage.» Erst hab ich gedacht, sie macht bloß Spaß. Aber dann hab ich an ihrer Stimme gemerkt, dass es nicht so ist, sie hat Frau Krosinke auch ganz böse angeguckt. Die hat mir über den Kopf gestreichelt, und dann hat sie das Kätzchen wieder in den Karton getan und gesagt, dass ich es immer unten bei ihr besuchen kann. Aber das ist doch was ganz anderes. Verstehst du, warum Mama das gemacht hat?

Ich mochte dann nachmittags gar keinen Kuchen essen. Helga und das andere Mädchen sind auch ziemlich schnell wieder gegangen. Obwohl es im Radio Wunschkonzert gab und Conny gesungen hat «Pack die Badehose ein», was wir schon auswendig

können, weil es so lustig ist. Und eigentlich wollten wir im Garten auch noch Topfschlagen machen. Aber die aus meiner Klasse kommen sowieso nicht gerne zu mir nach Hause, das weiß ich genau. Auch wenn sie das nicht sagen.
Mama hat sich dann mit Kopfweh aufs Sofa gelegt, und ich bin mit Toxi und Frau Schulze ins Schilf gefahren. Da haben wir weiter Geburtstag gespielt. Toxi war wieder das Kind und Frau Schulze die Mutter. Toxi hat ganz laut geweint und immer gesagt: «Liebe liebe Mama, lass mich das Kätzchen doch bitte behalten, es ist so süß. Und es macht auch ganz bestimmt keinen Schmutz, da paß ich schon auf bitte, bitte.» Und Frau Schulze hat mit einer ganz strengen Stimme zu Toxi gesagt: «Nun sei endlich still, die Sache ist erledigt. Du bist bloß ein Findelkind, und Findelkinder kriegen keine Kätzchen.» Da hat Toxi noch viel mehr geweint und gesagt: «Wenn das Kätzchen weg muss, dann will ich auch weg. Dann geh ich zur Kleinen Seejungfrau, und wenn ich tot bin, werde ich zu Schaum auf dem Meer, genau wie sie.» Das war Frau Schulze aber ganz egal, das hat sie überhaupt nicht gekümmert.
Als es dunkel wurde, mussten wir natürlich aufhören zu spielen, und ich hab plötzlich auch so gefroren. Ich hab Toxi wieder in die Tragetasche gepackt, aber Frau Schulze konnte ich nicht finden, die war weg. Ich hab sie überall im Boot gesucht. Bis ich dann gesehen hab, dass sie im Wasser schwimmt, wie ein toter Fisch. Komisch, nicht? Aber ich bin froh, dass Toxi nichts passiert ist. Eine Negerpuppe krieg ich bestimmt nicht so schnell wieder.
Lieber Papa, wenn du nach Hause kommst, kannst du Mama vielleicht sagen, dass ich das Kätzchen doch behalten darf. Bitte komm schnell. Ich kann jetzt nicht mehr schreiben, ich bin ganz müde.
Deine Anna.

Vergessen nie gewesen verdrängt diese Szene im Boot Du tust mir weh ich tu dir weh es tut so weh Ich will nicht dass es so wehtut Sie hat sich gerächt mit Schweigen die Briefe nie erwähnt Ich hab nie gefragt mich nicht getraut Immer mehr ungesagte Sätze Unterlassene Liebe Mein Vater mein Vater mit den kohlschwarzen Augen ist nicht zurückgekommen Der Prinz hat sie nicht erlöst Mich auch nicht Nicht eine Zeile von ihr kein einziges Wort Also schuldig Lebenslänglich Dann hätte sie gesiegt Niemals Um wen weine ich jetzt.

ANNEGRET HELD

Schwere Geburt

Mitten auf dem Dorfplatz platzt mir die Fruchtblase. Unvorhergesehen, zu früh, wie eine Wasserbombe der Kinder, das wundert mich nicht, ich bin eine zu volle Kalebasse, ein übermäßig großer, herumgondelnder Flaschenkürbis. Seit Monaten hat sich das Wasser angesammelt, immer mehr und mehr, und ich schiebe meinen Bauch vor mir her wie einen schlingernden Ballon, Gewässer in meinem Leib – da reißt die zarte Haut und der Wasserfall platscht unter mir auf die Kirmesbank.

Meine Mutter kocht.

Mitten auf dem Kirmesplatz! Wo alle Leute sind! Mitten im Rummel, typisch du, typisch, typisch! Immer so ein Zirkus um dich, immer!

Ihre ganze angestaute Wut entlädt sich in diesen Worten: Kind und keinen Mann, mein unnormales Leben, Sperenzien, nichts, was klappt – und dann auch noch meine ganze Peinlichkeit als öffentliches Bühnenspektakel, nicht zu glauben! Meine Mutter hat auch einige Brombeerschnäpschen getrunken. Denn Kirmes ist ein Nationalfeiertag auf dem Dorf, von überall her kommen sie und auch die Fortgezogenen, wie ich, kehren an diesem Tag in ihre Heimat zurück. Geehrt wird: der Heilige Bartholomäus. Mutter schimpft und schimpft und ihr graues Haar wippt dem Festiger zum Trotz, während sie nach meiner Tasche sucht, mein Gott was brauchen wir denn noch, den Autoschlüssel, jetzt auch noch fahren.

Auf der Bühne unter den Linden ein Clown. Für die Kinder. Er patscht in Regenschüsseln umher, balanciert mit dem Schirm, ich glaube, der Clown ist ein Alt-Achtundsechziger, der jetzt mit einem kunterbunten Spielmobil alternative Spässe macht, und mein Dorf ist auf ihn reingefallen. Hinter der Kulisse dreht der Clown Javaanse Jongens. Doch als ich aufstehe und meinen riesigen, ausplätschernden Bauch über den Dorfplatz trage, da tanzt er wieder, und er wirkt gutmütig, mit blonden Locken, orangem Hut, er hebt seine bunten Gummifüße und winkt mit einer riesigen Blume. Viel Glück, entnehme ich dem.

Wir fahren mit!, schreien meine Dorfschwestern.

Auch sie haben Brombeerschnäpschen getrunken. Ich, die Kinder und der Clown sind die einzigen nüchternen Menschen hier. Todesmutig setzen sich alle trunken hinters Steuer, um mich bei meinem Weg zu begleiten, den ich doch alleine gehe, und wenn ich wiederkehre, werden aus mir zwei geworden sein.

Wir sind ein Tross von vier Wagen. Ich vorne auf dem Beifahrersitz bei der Mutter. Die angehängten Fahrzeuge geben ihr den Rest. Nur Zirkus mit dir! Nur Spektakel und Blödsinn! Das ist doch kein Staatsereignis! So einen Auftritt zu machen! So ein Bo'hai! Ist nicht einmal was normal bei dir, nicht einmal! Was sollen die da! Was sollen die alle im Krankenhaus, kannst du mir das mal sagen?!

Fluchend fährt sie in die Kurven. Ich verrutsche unter dem ohnehin schiefen Sicherheitsgurt. Mir ist mulmig. Meine erste und einzige Geburt. Es sollte doch schön sein. Bedeutend und bewegend. Das Kleine in mir, auch schon aufgeregt, wissend, dass es losgeht, gefasst vielleicht, oder auch bewusstlos in einer Trance liegend, schon schmiegt sich meine Hülle enger an es heran, drängend, es austreibend, gleich. Noch keine

Wehen. Nur uferlose durchsichtige Ströme, in Handtüchern aufgefangen.

– Meine Freundinnen waren lieb zu mir. Sie haben mich getröstet und mir den Rücken gestärkt, die ganze Zeit. Wieso sollen sie nicht mitfahren?

– Getröstet! Ha! Dummes Geschwätz von Hühnern, die keine Ahnung haben! Ihr wisst doch gar nichts vom Leben! Ihr wisst doch gar nicht, was es bedeutet, ein Kind zu haben! Das hier ist eine Sache der Familie!

– Die Familie hat mir nicht geholfen. Du hast mir nicht geholfen, einen Kinderwagen zu beschaffen, du wolltest über Windeln nicht reden und nicht über die Wiege. Du wolltest überhaupt nicht mit mir reden. Neun Monate nicht. Wieso soll jetzt auf einmal das alles hier eine Sache der Familie sein?

– Weil hier andere nichts verloren haben, darum!

Ich hasse meine Mutter, die mich zum Gebären fährt. Ich werde die Freundinnen nicht durchkriegen, denn wenn die Freundinnen bleiben, tobt meine Mutter die ganze Zeit, dann habe ich Krieg im Kreißsaal. Eine Freundin hätte mir ja genügt. Aber gar keine wird sie dulden, keine. Oder sie zieht ein so mieses Gesicht, dass mich ihre bösen Gefühlswallungen aus der Mitte treiben werden und dann kann ich mein Kind nicht richtig kriegen, ich werde es dann irgendwie schief kriegen oder mit halber Kraft. Erst einmal werde ich allein in den Kreißsaal geleitet. Alle bleiben draußen. Sitzen betrunken beim Pförtner in der Grünanlage. Ich habe keine Wehen. Der Wehenschreiber malt keine Kurven. Nur gleichförmiges Gekrakel. Ab und zu darf ich raus. Die Freundinnen werden müde. Es ist ihnen langweilig. Sie haben Hunger auf Pizza.

– Na das wird wahrscheinlich nichts mehr heute Nacht. Ich laufe nur aus, das ist alles.

Dann gehen die Freundinnen.

– Gottseidank sagt meine Mutter.

Ich sehe sie an und beschließe, mein Kind allein zu kriegen. Dann wird eben niemand bei mir sein. Dann werde ich eben das auch noch alleine machen. Meine Freundinnen sind dérangiert. Meine Mutter war nicht gut zu mir. Alles keine rechten Gebärhilfen. Ganz zu schweigen von dem Vater, mit dem ich bis zum B-Test zusammen war. Den habe ich schon lange abgehakt.

Ich hoffe, ich kriege es über die Lippen, meiner Mutter zu sagen, dass ich sie nicht dabeihaben will. Ich bin lendenlahm vom Geschimpftwerden. Sie lässt nicht nach in ihrer Wut. Immerhin habe ich ihr die Aufzucht verdorben. Jahrelange Investition. Umsonst. Was hätte aus mir werden können. Wen hätte ich alles kriegen können!

– Wenn du nur gewollt hättest! … Feine Kerle! Gute Männer! – Aber nein! Nur die Oberidioten – die hast du dir genommen. Und jetzt hast du dir alles verdorben. Alles!

Keine Erklärung hat Sinn. Schon gar nicht Erklärungen im Sinne von feministischen Entwicklungen, rosaroten Bäuchen in Latzhosen am Ende der Siebziger, freier Liebe und indianischem Selbstbewusstsein, dass man keinen Mann braucht, keine Besitzansprüche haben soll … unser Körper, unser Leben, weise Frauen, Felder von Sonnenblumen und runden Bäuchen mitten drin, Tanz im Mondlicht, Fruchtbarkeitsgöttinnen und roter Farbenrausch so rot wie im Uterus, frei und schwanger übers Land, comme il es beau … le grand ballon …

Das Weltbild meiner Mutter ist granithaft katholisch. Keine jesushafte Gnade. Kein marienhaftes Verständnis. Keine engelgleiche Barmherzigkeit. Mehr die CDU-Kruppstahl-Härte.

– So wie ihr richtet, so werdet ihr gerichtet werden!, sage ich zu meiner Mutter.

– Hä! Dummes Zeug! Das kannst du alles garnicht beurteilen!

Mir ist schlecht. Mir ist elend. Aber wie immer geht es um den nicht durchgesetzten Willen der Mutter und nicht um meine Befindlichkeit, die nur eine gerechte Strafe ist. Ich muss ihr sagen, dass sie gehen soll, sonst verdirbt sie mir alles und alles. Mein Kind soll in Liebe und in Harmonie geboren werden. Ich leiste einen Schwur:

– Ich werde mein Kind niemals, niemals schimpfen. Kein böses Wort soll es hören, jemals.
– Na warte! Na warte, was du für eins kriegst! Bei dem Vater!
– Ein gutes Kind. Ich kriege ein gutes Kind.

Dann geht meine Mutter von selbst.

– Das wird jetzt sowieso nichts. Ich fahre jetzt mal heim.

Endlich geht sie. Ich fühle mich verlassen. Ich krieche zurück in mein Kreißsaalbett, ein Wort, das ich liebe, Kreißsaal, die Kreißenden, das ist ein Urgrund, ein Urschöpfen, ein einziges riesiges Becken. Hier wissen wir Bescheid, wir Frauen. Um mich herum ist es nicht richtig hell, Kacheln im Hintergrund, diffuses Licht. Halb Krankenstube, halb steriles Operationszimmer, Chrom glänzt matt überall, ich bin das einzig Warme in diesem Zimmer, ich und das sich regende Wesen in mir. Allmählich lassen meine Kräfte nach. Ich wusste nicht, dass man soviel Wasser verlieren kann, so unheimlich viel Wasser. Das ist es, was man den Fluss des Lebens nennt. Er kann nicht aufhören, natürlich nicht. Noch habe ich zu tun, die dunkle Kraft meiner Mutter loszuwerden, sie liegt über Stunden auf mir, lastet wie die Nacht, es sollte etwas Heiliges sein, das Gebären. Niemand sollte mit einer Gebärenden schimpfen, niemals. Sie braucht doch Kraft. Aber das Schimpfen der Mutter ist mir so geläufig, dass ich es für normal halte und auch, unausrottbare kindliche Logik, für gerecht. Es geschieht mir eben recht so. Als Jugendliche habe ich mich in Stürmen gewehrt. Schlachtschiff gegen Schlachtschiff. Machtlose Kämpfe mit zerrissenen Segeln. Nur große Lecks abbekommen ohne jeglichen Sieg.

Aber davon jetzt keine Spur. Ich werfe mir vor, dass ich mich nicht wehre. Aber ich kann ja nicht. Ich bin nicht in der Position. Und sich Wehren bringt intellektuell keinerlei Ergebnis. Die Ergebnislosigkeit der Summe unserer Zweikämpfe mit der Streitaxt macht mich mutlos und lahm. Ich bin lahm in der Geburt und während ich einsam im Kreißsaal auf die Wehen warte, wird mir klar, dass ich nicht an meine Mutter denken soll, sondern an mein Kind.

Ich werde selbst eine Mutter sein.

Gekrümmt um meinen runden Bauch, nass im eigenen Gewässer schwimmend, schlafe ich ein wie in einer dunklen, feuchten Grotte, der Kreißsaalgrotte.

Die erste, die kommt, ist Silvia. Sie hat mich nicht verlassen! Sie denkt an mich! Meine beste Freundin aus Kindertagen, hat alles stehen und liegen lassen, da ist sie, ich freue mich so.

– Wie, du hast immer noch keine Wehen?

Ich schüttle den Kopf. Bedauernd. Dann aber guten Mutes, «in der Geburt» zu sein. Es ist ein schöner Tag. Ich werde gebären! Ich bin wie die unruhige Katze, die das Herannahen der großen Stunde spürt. Silvia packt mich am Arm und schiebt mich mit einer Hand im Rücken meines himmelblauen Frotteemantels zur Treppe.

– Wir machen das jetzt! Wir machen jetzt Wehen!

Und ohne dass ich noch abwarten oder zustimmen kann, schubst sie mich weiter, Stufe für Stufe, in den ersten Stock, den zweiten, den dritten … ich lache mich kaputt. Silvia und ich hangeln uns wiehernd und gackernd am Geländer immer höher. Ich habe kein Gleichgewicht mehr. Wie ein dicker Brummkreisel eiere ich mehr quer als breit nach oben, bis in die Onkologie. Das ist uns unheimlich und schnell drehen wir wieder um und platschen runter Richtung Kiosk. Essen ein Eis. Ich liebe Silvia. Sie ist so tröstlich. So solidarisch. So lustig. So stark. So eine schöne, hoch gewachsene Squaw. Nach dem Eis geht es gleich weiter. Zweiter Stock, dritter Stock, ich bin auch noch bei guter Kondition und mache nicht so schnell schlapp, es nützt alles nichts, wir müssen noch viele, viele Stockwerke laufen … den ganzen Nachmittag, den ganzen lieben langen Nachmittag schleppen wir uns die Krankenhaustreppen hoch, Silvia stöhnt, Silvia schiebt, ich schnaufe, ich schwitze, begegne tausenden von Morgenmänteln und Hausschlappen, immer Silvias starke Hand im Kreuz, dann kann ich nicht mehr. Silvia kann auch nicht mehr.

Keine Wehen.

Der schöne Julitag neigt sich dem Ende zu. Silvia muss gehen. Meine Mutter kommt.

Weintrauben, Handtücher, eine Bürste, alles, was noch vergessen war. Schweigend und angestrengt sitzt sie vor mir, bläst die grauen Locken aus der Stirn. Mutter konnte Hitze nie vertragen. Wieso bin ich um die Geburt herum in die Heimat zurückgegangen? Wieso nicht in der Stadt geblieben? Aber meine Ängste waren auf einmal größer als mein Unbehagen vor der Mutter, das wärmende, schöne Land vertrauter als die kühle Stadt, ein unbestimmtes Gefühl hat mich hierhergetrieben. Ich muss das Kind hier zur Welt bringen, wenn die Erde duftet und das Korn auf den Feldern hoch steht, ich bin hierher gekommen und es ist gut, hier zu sein. Die Erde ist auch meine Mutter.

Keine Wehen. Ich werde mutlos. Sinnlos schießt das Wasser aus mir heraus. Ich bin eine Dusche. Bewässere das Kind. Es geht nicht weiter. Die Kräfte sinken. Der Wehenschreiber wird angeschlossen. Nichts da. Keine einzige, mickrige Kurve. Mein Selbstbewusstsein leidet, weil ich keine Wehen habe, ich fühle mich unwürdig. Alle anderen haben schließlich Wehen. In dieser Nacht kommen sie zuhauf, die gebärenden Frauen, laufen auf den Fluren auf und ab mit hilflosen Männern an der Seite, lächerliche Figuren, blasse, angstgesichtige Jungens, wie gut, dass ich keinen habe.

Meiner Mutter fällt nichts mehr ein.

– Das dauert sicher noch bis morgen.

Sie muss es wissen. Hat selbst vier Kinder. Sie hat sie daheim gekriegt, alleine zur Welt gebracht. Die Großmutter hat nicht geholfen («Ich kann so was nicht sehen»). Der Vater auf Montage. Die Hebamme mit Platten am VW unterwegs liegen geblieben. Mutter jung und allein in der kalten Schlafstube. Alles mit roher Gewalt, sieh zu, wie du zurechtkommst, da mussten wir alle durch. Hilfe erst immer zu den Presswehen.

Kaum ist das Kind da: Staatsbesäufnis. Auf das Kind. Mutter mit Kind im Schlafzimmer, frisch genäht und grob gesteppt, um sich herum nur Betrunkene. Unmitleidig mit sich selbst hat Mutter das erzählt. Das war früher so.

Die Krankenschwestern sind da. Behelfsmütter. Ich bin empfänglich für ihre freundlichen Schwesternworte. Die schönen Kittel und die Waden. Hat nunmal was Engelhaftes. Ich bin angewiesen auf die fliegenden Schwestern. Sie fliegen, denn sie haben viel zu tun. Um mich herum liegt alles in den Wehen. Alles. Bloß ich nicht. Im mittleren Kreißsaal hört man gut. Das Jammern, das Leiern, ein kreißender Gesang, heftig verbissene Deutsche und eine dramatisch schreiende Türkin, alles umher ein Gebärverein – ich mache nicht mit. Wütend muss ich mir ihre Klagen anhören, und ich war als erste da – für nichts und wieder nichts. Dabei soll die Geburt einzigartig sein – mir allein, nur ich mit diesem heiligen Vorgang, in Stille, in Größe –, und nebenan werfen sie wie am Fließband. Ich könnte sie alle umbringen. Stattdessen vermehren sie sich. Zornig schiele ich aus der ewig offenen, chromblitzenden Schiebetür. Wieder eine mit sich bäumendem Bauch, die daherwackelt, ein bemühter dünner Mensch hinterher, sie tut als ob sie gleich stirbt. Ich verspüre keinerlei Solidarität mit meinen kreißenden Leidensgenossinnen. Ich finde alle doof. Ich frage mich, ob ich mich schlecht fühle, weil ich als einzige keinen Mann dabei habe und auch sonst niemanden. Ehrlich. Da schiele ich wieder in den Gang und betrachte mir einen nach dem andern.

– Und? Wolltest du den da? frage ich mich. Nein.
– Wolltest du diesen hier? Nein.
– Und den da? – Nein.

Gar keinen von ihnen hätte ich gewollt. Gar keinen. Also. Kann ich mich auch nicht beschweren. Nicht einmal der Vater des Kindes war eine große Liebe. Bloß eben meine Liebe. Insgesamt muss ich mir sagen, als ich hier sitze im weiten Nachthemd, den Bademantel übergeworfen, wie eine dicke Qualle auf dem Bett, insgesamt habe ich alles selber verbockt. Habe ich mir alles selber zuzuschreiben. Kann keiner was dafür als ich alleine.

– Aua – aua – aua ...!!! geht es von links. Schon wieder. Was für ein Nerventerror. Kann man ihr kein Chloroform geben?

– Aua ... aua ... Dann unzweideutig Hecheln ... dann die Schwester:

… ja! Ja! Und – pressen, … ja! Weiterweiterweiterweiter … – und … – weiterweiterweiter. – jaaa – ein Mädchen!!! Hurra!!

Ich wische mir den Schweiß von der Stirn. Mir ist ganz schlecht. Ich sitze weiterhin bewegungslos im Halbdunkel auf dem Bett. Nach einer Weile sinnlosen Heulens und Glückwünschens von links erklingt ein schepperndes Geräusch. Vor meiner halb offenen Tür wird ein blechernes Gefäß auf Rädern vorbeigeschoben. Es ist der Mutterkuchen. Und während ich hier sitze und demoralisiert vor mich hinstarre, schieben sie einen Mutterkuchen nach dem anderen an meiner Kreißsaaltür vorbei.

Ich kann nicht mehr. Als sich um ein Uhr erneut von rechts Geheule wie eine Luftschutzsirene ankündigt, keile ich aus. Buchstäblich. Ich winde mich so schnell aus dem Bett, dass ich ein Glas vom Nachttisch schmeiße, barfuß durch die Scherben latsche und mir die Füße zerschneide. Aber alles das interessiert mich nicht, ich lasse die Scherben liegen und beachte die Füße nicht, ich will nur weg von dem Gekreische und mit wehendem Bademantelfrotteegürtel, halbangezogenen Hausschlappen und triefendem Bauch fliehe ich ganz aus dem Gebäudetrakt, der mit Kinderkriegen zu tun hat. Ich lande irgendwo im Treppenhaus vorm Blinddarm. Dort gibt es noch eine Raucherecke, in der einige dürre Rentnermännlein im gestrickten braunen Hausanzug sitzen. Da geselle ich mich hinzu. Es gelingt mir sogar, eine Zigarette zu klauen. Mir ist jetzt alles wurschtegal. Hier bin ich richtig. Die Rentner verurteilen mich nicht. Sie sind selber neben der Kappe und schielen nach ihren versteckten Zinn 40.

Im dicken Plastiksessel bleibe ich breitbeinig hocken. Langsam habe ich das Gefühl, es kann jetzt kein Wasser mehr fließen. Der Tank ist leer. Mein Kind setzt bald Grünspan an.

Wieso will es bloß nicht heraus? Ich habe kein Gehirn mehr. Blass und bleich spüre ich, wie ich sitzend absacke. Irgendwann muss die doch fertig sein im Kreißsaal eins. Ich muss zurück.

Zwei Uhr zwanzig. Ich watschele zurück. Jetzt geht es rapide bergab. Meine Moral, meine Verfassung geht mit den eigenen Säften den Bach herunter. Keine Wehen. Nur Schwäche. Ich will mich verloren in eine Ecke legen. Es wird doch alles nichts mehr. Hat doch eh keinen Zweck. Ich lande tumb auf meinem Bett, verkrieche mich wie eine kranke Katze, hier in der Wiege der Kreißenden, und erwarte nichts mehr, von niemandem. Alles scheißegal, leckt mich alle, wer schert sich schon um mich, sollen mich alle ...

Da auf einmal fängt man behänd verschiedene Untersuchungen mit mir an. Sie stopfen pflaumengroße Antibiotika in meinen Mund. Flüstern. Das Flüstern macht mich nur noch peripher misstrauisch. Ich verstehe nur:

– Leukus?

– Schlechter ... flüstert die andere.

Ich nehme kein Kinderkriegen mehr wahr, ich sehe keine Konturen mehr, ich versinke taubstumm, das ist es wohl, wenn man sich verabschiedet, dass eine große Gleichgültigkeit der Welt gegenüber eintritt, es ist zwar nicht wohlig schön, sondern grau und herabsinkend, die Wände sinken, ich sinke, aber wurscht. Wurscht ist in Ordnung. Es ist etwas anderes als Schlafen. Ich verliere die Fäden zur Welt. Höre nur nur ... hm?

Schlechter ... hm? ... schlechter ...

Später erst, viel später sagt mir jemand, dass das Kindbettfieber gewesen ist, ich hatte Kindbettfieber und sie sagten es mir nicht. Wäre mir aber auch wurscht gewesen.

Stundenlang weiß ich nichts.

Morgens um fünf ein Tritt wie von einem Pferd. Es muss die Krankenschwester gewesen sein. Irgendwie treten sie an mir herum, treten mich aus dem Bett. Ich heule. Der begangenen Grausamkeit wegen. Ich verstehe nicht, was ich soll. Duschen. So 'n Quatsch. Ich bin halb tot, da sollen sie mich doch liegen lassen wie einen kranken Gaul, statt einen herumzuzerren, ich bin doch schwindsüchtig, unbarmherziges Gesindel, ich hasse die Schwestern, ich heule nur.

– Wir leiten dann die Geburt ein. Wir können nicht mehr warten.

Kind kriegen?! Jetzt?! Unmöglich. Kann nicht mal auf den Beinen stehen. Lasse heulend die Brühe über mich laufen. Wie soll ich denn das Ding aus dem Bauch quetschen, wie um alles in der Welt? Jetzt nicht, sage ich, wir sollten es besser verschieben, ein andermal, mit ist jetzt nicht danach, ich will jetzt nur liegen, ich will ins Bett.

Aber mich fragt keiner. In abgestimmten temporeichen Bewegungen darf ich zwar liegen, aber da schieben sie einen bedrohlichen orangen Ständer herbei, den berüchtigten, sich harmlos in Kinderfarben gebenden Wehentropf. Ich denke mir, bevor sie etwas tun, kann ich noch eine Runde schlafen. Es muss noch Zeit geben zum Erholen, es muss. Da spüre ich Leder an meinem Arm. Zack. Es ratscht. Sie schnallen mich an. Das Anschnallen verursacht mir eine hysterische Angst. Ich fühle mich unbeschreiblich gequält, ich habe Panik, ich reiße an den Lederriemen – ich werde das nicht überleben, wer weiß was da jetzt noch kommt, die Grausamkeit der Lederriemen –, ein Fall für Amnesty! Und als ich nach oben gehe und haltlos schreien will, da überfällt mich ein furchtbares Unverstehen, ich bin überhaupt nicht bei Sinnen, es ist so furchtbar, ich reiße wie ein Tier an den Riemen, dann wird es wieder schwarz, von einem Moment auf den andern sacke ich zusammen, schlafe ich wieder weg. Ich packe das nicht. Ich will nicht dabei sein. Keinen Verstand haben.

Dieweil stechen sie die Kanüle hinein, schrauben den Plastikpfropf darauf und die durchsichtigen Tröpflein rinnen langsam in mein Blut hinein.

Auf einmal bin ich nicht mehr allein. Ich weiß nicht, wie es geschehen ist, ich weiß nicht, wie er hereingekommen und warum gerade er aufgetaucht ist. Aber im hellen Morgenschein sitzt auf einmal der Clown an meinem Bett. Es ist zwar noch dunkel draußen, das Nachtlicht im Zimmer ist an, trotzdem ist Morgenschein im Raum. Eigentlich sind ja noch Pfleger und Hebammen da. Aber ich nehme sie nicht wahr. Ich sehe nur noch den Clown, und er ist so freundlich. Ich erinnere mich. Vorgestern war er auf dem Dorfplatz und hat Späße gemacht. Zwischen den verschiedenen Schichten von Dämmerigkeit und verwaschenen Konturen, nicht verstehbarem Gemurmel, ist der Clown das Einzige, was ich richtig sehe, so deutlich, so klar, seine Kleider, seine roten Wollhaare, das schmierige weiße Make-up, er ist realer noch als die übrig gebliebene Scherbe zerbrochenen Glases unter meinem Bett.

Dann spricht er:

Aber ich bin doch da, ich bin bei dir, ich gehe nicht weg.

Alles ist unendlich friedlich. Und es scheint mir das Selbstverständlichste von der Welt zu sein, dass er da sitzt. Wir sind zusammen, wir sind vergnügt, wir bestehen ein Abenteuer. Der Clown ist mir sehr vertraut. Sehr. Still scheint er und strahlt von innen.

Dann plötzlich.

Der galoppierende Mustang in meinem Bauch, der Gebärritt, das Gebärvieh in mir, es steigt, es bäumt sich, es krümmt mir den Leib, macht ihn einem knallharten Medizinball gleich, da sperrt es in mir, da sprengt es in mir, unnatürlich, brülle ich innerlich, unnatürlich! Das kann nicht im Sinne Gottes sein, denke ich, oder, das ist schief gegangen in der Evolution, das kann nicht sein, das kann nicht sein, dass Gebären SO ist! Ich bin erschlagen von der Wucht im eigenen Leibe, monströs, ohne Vorwarnung, so brutal. Der Schmerzpegel hat von null auf hundert die Höchstgrenze erreicht, dass ich überschnappe und den Verstand verlieren will, das ist das Einzige, auf das die Wellen zusteuern können, ein schwarzes Loch nach dem aufsteigenden Ritt, die einzige Möglichkeit – im Schwarz zu versinken. Dann – Wunder über Wunder! Es ist vorbei. Schlagartig. Ich bin sanft und heiter zurückgekehrt zum Clown. Da sitzt er wieder. Wie vorhin. Bei ihm ist alles in Ordnung. Er steht mir bei. Nicht aufgeregt, nicht übermäßig besorgt, es gibt hier keine Sorgen. Ich finde mich im Nachhinein albern, was den erlittenen Schmerz angeht. Wie er hier hineingekommen ist – aber es scheint natürlich. Kein Mann, keine Mutter, keine Freundin – dafür ein Clown. Der Clown ist schöner als alle zusammen. Der Frieden der Welt geht von ihm aus. Er dreht keine Javaanse Jongens. Plötzlich ist er Nichtraucher. So kann es bleiben. Es ist alles, alles gut.

Schnitt. Der nächste Schub. Heraus aus dem Paradies, aufgebockt, aufgetrieben, ich brauche einen Exorzisten! So fühle ich mich, gefoltert, gevierteilt, zerschnitten, geplatzt … es kann nicht sein. Es kann einfach nicht sein. Der Wehentropf kennt kein sanftes Herannahen und Steigern, er kennt nur unbarmherzige Hämmer auf Höchststufe, ein absolut sinnloser Schmerz, ich begehre auf, ich schreie gegen Gott, der alles falsch gemacht hat und schon besseres erfunden als das, ich will, dass er beim allergrößten Schmerz merkt, was er falsch gemacht hat, das kann nicht sein, dass er damals wegen Eva und dem lächerlichen Apfel die Frauen für alle Zeiten derart sadistisch quält, das ist doch kein Gott, der sowas macht.

Hinterher soll alles wieder gut sein, dass ich nicht lache, ich bin voller Rache gegen Gott, das hätte nicht sein müssen, das ist eine Fehlplanung, ich will nicht hinterher lachen und sagen, macht doch nichts – Hauptsache das Kind ist da … den Fuß dessen küssen, der mich getreten hat, das ist eine seltsame Moral, das mache ich nicht mit. Im Strafrecht heißt es: Körperverletzung mit Einwilligung des Verletzten, wie beim Tätowieren oder wie in Sadomaso-Studios. Ich aber, schon jenseits jeglicher Erträglichkeit, schwöre Gott dem Allmächtigen: ich bin nicht einverstanden! Ich bin nicht einverstanden! Mich mit einem Bekloppten, der mich foltert, einig erklären! Ein bescheuerter Menschheitsplan! Bescheuert! Bescheuert!

Es wird schwarz.

Da ist der Clown. Gutmütig und lacht. Es ist unvorstellbar, dass mir etwas wirklich Schlimmes passieren könnte. Die Schutzengel von heute sehen aus wie Alt-Achtundsechziger im Gauklerkostüm, wie klug ist meine Seele, wie maßlos bewundere ich den feinsinnigen Humor meiner heilenden Visionen, wie geehrt bin ich, zum Schutz einen Clown zu haben! Und wie glücklich bin ich, ihn als Paten für mein Kind, als Geburtshelfer und Hebamme zu haben. Was für ein Omen! Der Tag hat sich gedreht. Ins Licht gedreht. Nun ist es wirklich der helle Tag, der ins Krankenhaus scheint, ich erwache und sehe unzählige weiß gekleidete Menschen um mich stehen. Vielleicht bin ich doch über die Wupper gehüpft? Nein, es sind Ärzte. In der Ferne tickt eine große Uhr. Neun Uhr.

– Der Muttermund ist vier Zentimeter geöffnet.

Na, das ist ja nicht viel. Aber man gewährt mir eine Gnade. Der Wehentropf wird abgestellt. Ich werde abgeschnallt. Erlösung. Momente der Hoffnung. Ich kann es schaffen! Das Licht im Zimmer erweckt solche Hoffnung. Ich darf laufen!

Oh, ich will nichts anderes – laufen, laufen, laufen! Ich taumele durch das Zimmer und komme erfolgreich bis zum Waschbecken. Ich reiße das Waschbecken aus der Verankerung. Ich stelle fest, dass ich die Situation nicht beherrsche. Himmel Arsch und Zwirn. Immerhin, es ist eine natürliche Wehe, sie ist noch, noch zu managen. Sie hört sogar auf, ohne dass ich am Ende umfalle. Das macht mir neuen Mut. Nutze das nächste Nachlassen und haue ab, todesmutig auf den Flur. Laufe einmal hoch, einmal hinunter, komme an ein leeres Krankenbett mit Plastiküberzug, dann denke ich, halte dich lieber mal fest. Ich stütze mich auf die Bettoberkante. Die neue Wehe beginnt. Ich kann nicht loslassen, es wird stärker, heftiger, das Krankenhausbett beginnt zu rollen. Irgendwie ist die Bremse nicht fest. Ich stemme und schufte, das Bett vor mir herschiebend über den Flur, komme nicht los vom Bett, das Bett und ich legen eine längere Wegstrecke zurück, ich stöhne, ich schnaube, bis mich am Ende des Ganges ein Pulk Schwestern wieder einfängt.

– Die braucht doch 'ne Betäubung. Die schafft das doch nicht.

Ich muss wieder in den ollen Kreißsaal in das Bett, an das ich keine guten Erinnerungen habe. Trotzdem geht es mir besser, die Wehen sind erträglich, sie haben nachgelassen. Der Arzt findet es keineswegs gut, dass die Wehen nachgelassen haben. Zack stopfen sie mir die daumendicken Antibiotika in den Mund, entblößen mir den Arm, dann die Nadel, der Tropf, und eine saftige Spritze in das Rückenmark.

– Nicht festschnallen!, wimmere ich wie der Delinquent mit seinem letzten Wunsch.

Er wird mir gewährt. Aber schon verliere ich wieder den Verstand. Keine Reserven. Ich soll eine Bombe im Millimetertakt durch mein Becken schießen. Die stundenlange gnadenlose Härte, es sind die Stunden, die einen schaffen, der Schweinsgalopp in meinem Bauch setzt sich fort, wie soll das Kind das durchstehen, es wird zerquetscht. Ich verliere es aus den Augen, um was es geht, ein Kind kriegen? Erst die Mutter lynchen, um ihr dann ein Leben abzuzwacken? Wird nicht funktionieren. Ich fühle mich herumermordet, es wird wieder dunkler.

Jetzt fange ich wirklich an zu halluzinieren. Denn zur Tür herein kommt ein Monster. Ein grünes Monster mit wehenden Fahnen, eilt auf mich zu, rennt gegen den Verbandskasten, rennt gegen den Infusionsständer, hat graue Haare und sieht meschugge aus. Es ist meine Mutter im Operationskittel und mit Mundschutz. Ich fasse es nicht. Nur ein einziges: Mama ist da. Meine Mama! Alle Lebensgeister mühen sich wieder hoch und drängen ihr entgegen. Meine Mama!

Sie krallt meine Hand. Ich kralle ihre Hand. Maaaama! Meine Mama ist da.

Wir haben uns niemals angefasst. Seit dem letzten Haarestriegeln, als ich noch einen Pferdeschwanz hatte, nicht einmal zum Guten Tag sagen. Das gibt es in meiner Gegend nicht. Jetzt besteht unsere Verbindung aus einem einzigen Krallen.

– Es reißt einen mitten durch, sagt meine Mutter mit großem Erkennen und erstmaligem Mitleiden. Ich heule. Ich brauche meine Mutter. Ich brauchte sie nie so wie an diesem Tag. Ich bin das Kind. Sie hat die Gelegenheit, noch einmal meine Mutter zu sein. Ich glaube, dass ich verrecke, wenn meine Mutter nicht da ist.

– Mama!, rufe ich und die tiefste Not ist vorbei. Die Mutter die Rettung. Es ist die Mutter, die mich hält. Die Stimme des Blutes. Ich quetsche ihr den Arm ab, ich verursache ihr Zerrungen und Prellungen, den Arm kann sie vergessen hinterher.

– Geht schon, sagt sie, geht schon. Die eisenharte Lady eine aufgeregte Glucke.

So geht es wundersam bergauf. Die Stunden verkürzen sich. Alles ist besser jetzt.

So kann es sogar zwölf Uhr werden.

Zwölf Uhr.

– Der Muttermund ist offen, sagt die Schwester.

Erlösung. Das war's. Es ist vollbracht. Ab jetzt nur noch Pressen. Kleinigkeit. Der Krieg gegen meinen Körper ist vorbei. Ich weine vor Erleichterung. Jetzt ist alles gut.

– Ich presse jetzt, sage ich mit neuem großartigem Gefühl und animalischer Entschlossenheit.

– Warte!, kreischt meine Mutter. Warte bis der Arzt da ist!

Mir doch egal. Mir ist alles, alles egal, denn ich bin wild darauf zu pressen, mit Inbrunst, mit Vergnügen, ich stemme los, das größte Vergnügen der Menschheitsgeschichte, ich presse!! Ich presse!! Ich gebäre!!!

Fünf Schübe. Mehr nicht. In einem einzigen letzten Kraftakt mit Hilfe vieler Hände auf meinem Bauch … geschieht es … fließt es heraus. Ein nasser, nackter, kleiner Mensch.

Mutter schreit auf in tiefer Erschütterung, durchschüttelt von Weinen und aufgebrochenen Emotionen, sie hat einen Panzer abgesprengt, heraus kommt eine butterweiche Frau, und unter mir das weiche junge Menschlein, Mama weint wie ein kleines Mädchen.

– Es ist ein Mädchen!, ruft die Hebamme fröhlich.

Der größte Frieden der Welt in meinem Körper. Über mir schwebt ein fast blaues Baby, voll Käseschmiere, mit einem dicken, dicken Bauchnabel, der soeben durchtrennt wird. Es quäkt los. Sie halten es mir hin. Mein Baby. Mein Kind. Und ich kann die Arme nicht heben. Ich bin zu fertig. Ich kapiere nichts. Schaue – dem Tod von der Schippe gesprungen! – um mich, nehme vage das Wesen wahr, das neun Monate in meinem Bauch war.

Da nimmt es meine Mutter. Sie legt es in ihren Arm, nackt und blutverschmiert und verfärbt, wie es ist, betrachtet es lange und wippt ein wenig hilflos auf und ab, da ist der kleine, bebende Mund, die Minifäustlein, das ganz und gar mangelnde Begreifen, wo es denn jetzt ist … da ist es.

Ich weiß nicht, wer wen geboren hat. Ich habe meine Mutter geboren, meine Mutter hat das Kind geboren, irgendwie sind wir drei tief im Blut verbunden, das Blut liegt so nahe und sichtbar um uns, ich erhebe mich schwach auf die Ellenbogen, will nur mal gucken, meine Mutter, so seltsam gekleidet, mit meinem Kind im Arm, ich begreife noch nichts, so blind wie das Kind.

– Ich habe das Gefühl, dass es schlimm war, sage ich. Dass ich es fast nicht gepackt hätte.
– Stell dich nicht an, sagt Mutter. Das haben wir alle hinter uns.
– Aber, sage ich, das war doch nicht normal.
– Doch, sagt Mutter. Das war ganz normal. So ist es immer.

Dann sind wir stumm. Wir können einfach nichts sagen. Starren auf das zittrige, haltlose Etwas mit seiner verschrumpelten Haut und den schwärzlichen Härchen, wie sich seine blaue Haut allmählich zurückfärbt in ein äderiges Säuglingsrosé und wie sein Mündchen offen steht und sucht. Meine Brust juckt. Ich muss es anlegen. Gleich. Nur einen Augenblick noch, ich bin so schwach. Wo ist mein Clown? Er ist verschwunden. Ich habe ein Kind. Mutter wiegt das Kind auf den Knien, schockelnd wie ein sanftes Pferdchen und sieht es immer an.

– Na ja, sagt sie und ihr Gesicht ist fürsorglich, leicht bitter, wissend und unbestechlich. Solidarisch mit dem Bündel, das ihr neu erscheinen musste, weil sie sich nicht damit beschäftigt hatte vorher, also vom Himmel gefallen und in ihren Schoß.

– Na ja, und schaut auf das Menschlein.

– Wer weiß? … Wer weiß …? Was wird dir noch blühen?

Das Baby scheint nicht zu verstehen, wendet mit hochgestreckten Fäustlein den Kopf, suchend. Da hebe ich die Hände und verlange es, und meine Mutter steht vorsichtig auf, das Kind über dem knitterigen OP-Kittel wiegend, und legt es mir in die Arme.

ZOË JENNY

Sophies Sommer

Was sich damals im Sommerhaus der Familie Schmitz ereignete, war für uns alle unbegreiflich, und eigentlich konnte es sich am Ende niemand erklären, woran es lag, dass innerhalb von wenigen Tagen die Familie zerstört war und die Mitglieder sich so fremd waren, als hätten sie nie etwas miteinander zu tun gehabt.

Clarice, die einzige Tochter von Martin und Sophie Schmitz, war eine jener Bekanntschaften aus frühen Kindheitstagen. So wie einzelne Sterne erst aus der Distanz von Lichtjahren ein erkennbares Bild ergeben, entwickelte sich diese Freundschaft, die aus einzelnen Begegnungen bestand, über einen längeren Zeitraum zu einem festen Bestandteil in meinem Leben. Clarice hatte große Augen, die sich, je nachdem, wie das Licht auf sie fiel, von grün auf blau verfärbten. Es war, als ob sie jedes Wort, das ich zu ihr sprach, mit ihren Augen aufsog. Wahrscheinlich liebte ich sie deshalb so sehr, weil sie mit ihren *Augen* zu hörte und ganz nebenbei Sätze sagte wie: «Ich kann einsam sein wie ein Mann.«

Als Kinder wohnten wir in der derselben Straße, verkleideten uns als Prinzessinnen und spazierten in diesem Aufzug Händchen haltend durch das Viertel. Abwechselnd verbrachten wir das Wochende in ihrem oder meinem Elternhaus. Clarices Mutter, Sophie, hatte ein kleine, helle Stimme. Wenn wir abends nach Kamille duftend aus dem Bad kamen und unter die Bettdecke krochen, stand sie manchmal vor dem Bett, rief ihren Mann herbei, schlug die Hände zusammen und meinte zu ihm, wir würden aussehen wie Schwestern. Tatsächlich aber hatte Clarice braune Locken und ich dunkelblondes, glattes Haar. Einmal schnitt ich ihr, zum Zeichen unserer Freundschaft, eine Locke vom Kopf und bewahrte sie in einer Streichholzschachtel auf.

Wir kamen beide in die gleiche Schule, und auf unser Drängen hin sorgten unsere Eltern dafür, dass wir auch in dieselbe Klasse kamen. Ein paar Jahre lang saßen wir nebeneinander in der Schulbank und schrieben uns gegenseitig bei den Prüfungen die Fehler ab. Während des Unterrichts schoben wir uns gefaltete Zettel zu, auf denen wir die Lehrer mit kleinen, fiesen Zeichnungen karikierten und uns über sie lustig machten. Wir wurden in zwei Klassen verlegt, weil wir uns, wie es hieß, «negativ beeinflussen», was zur Folge hatte, dass wie uns weniger sahen. Aber selbst wenn Wochen und Monate zwischen unseren Treffen lagen, war eine Vertrautheit zwischen uns und die Gewissheit, dass wir uns verstanden, ohne dass wir etwas zu verstehen geben mussten.

Mit siebzehn nahm sich Clarice ein kleines Zimmer mitten in der Stadt und arbeitete an den Wochenenden bis zwei Uhr morgens hinter der Theke einer Bar. Zu diesem Zeitpunkt kauften sich ihre Eltern ein Sommerhaus am Meer. Clarice besuchte ihre Eltern nur noch zu festgelegten Zeiten. «Man muss auch die familiären Beziehungen organisieren», sagte sie zu mir, als sie mir ihre Agenda zeigte, in der sie mit Rotstift «Eltern besuchen» eingetragen hatte. Sie besuchte sie zu Ostern und an Weihnachten. Und im Sommer fuhr sie für zwei Wochen in das Haus ans Meer. Dann allerdings ging sie nie allein, sondern nahm ihren jeweiligen Liebhaber mit. Meistens hörte ich dann von ihr, wenn gerade wieder eine ihrer zahlreichen Liebschaften in die Brüche gegangen war. Clarice verliebte sich leidenschaftlich gern. Sie trug ihren schönen, rundlichen Körper wie ein Geschenk durch die Straßen der Stadt. Einmal rief sie mich mitten in der Nacht an und teilte mir mit dunkler Stimme mit, das einzige Sichere in ihrem Leben seien ihre Eltern und ich. Das war kurz bevor uns das Abiturzeugnis überreicht wurde, dann verschwand Clarice ins Ausland, und ich habe jahrelang nichts mehr von ihr gehört. Manchmal traf ich ihre Mutter Sophie zufällig an einer Straßenkreuzung oder beim Einkaufen: «Clarice ist jetzt an einer berühmten Schauspielschule», verkündete sie. Es gehe ihr großartig. Im Sommer käme sie wieder ins Ferienhaus, zusammen mit ihrem Freund. Ich richtete Grüße aus. Jedes Mal, wenn ich Sophie traf, war ihre kleine, helle Stimme noch leiser geworden; ihre Stimme schien Jahr für Jahr zu schrumpfen. Wenn ich mich nach Clarice erkundigte, hauchte sie «Ja», sie sehe sie im Sommer, dann käme sie wieder mit Thomas. Die Namen ihrer Freunde wechselten von Thomas zu Paul über Erich zu Robert. In Gedanken sah ich einen Stuhl am Tisch im Sommerhaus der Familie Schmitz, an dem jedes Jahr ein anderer junger Mann neben Clarice saß, vor sich denselben Teller wie der vorhergehende.

Jahre später, nach einem kurzen, ungewöhnlich kalten Winter, traf ich Clarice zufällig in einem Kleidergeschäft in der gemeinsamen Heimatstadt wieder. Ich suchte etwas, das ich zu der Hochzeit einer Bekannten anziehen könnte, und stand gerade in einem feierlich wirkenden, pailettenbesetzten Kleid vor dem Spiegel, als sie mir auf die Schulter tippte. Clarices Augen waren noch größer geworden. Wir setzten uns in ein Straßencafé und schauten beide den Menschen nach, die an uns vorübergingen. Clarice zerstieß mit dem Löffelstiel die Eiswürfel in ihrem Glas, während sie erzählte, dass sie nach einem Zusammenbruch das Schauspielstudium aufgegeben hatte. Von morgens bis abends war sie mit rasendem Herzen kokainverladen herumgerannt. Tagelang hatte sie nichts gegessen, weil sie es vergessen hatte, und eines morgens war sie dann im Unterricht mitten in einer Rezitation zusammengebrochen. Jetzt wohne sie wieder bei ihren Eltern und versuche sich zu entspannen. Es gehe ihr auch schon wieder besser, sie hätte sich auf der Heimfahrt im Zug in einen Fotografen verliebt. Ich nickte und stieß zur Beglückwünschung mein Glas an das ihre. Noch am selben Abend rief sie mich an und meinte, sie würde in ein paar Tagen wieder in das Sommerhaus fahren und ob ich nicht mitkommen wolle.

Clarice saß am Steuer, und wir sangen laut und falsch die Musik im Radio mit. Ihre Eltern waren schon da, als wir gegen Abend ankamen. Sie standen auf der Veranda und riefen unsere Namen, als wir ihnen durch den Garten entgegen kamen. Sophie klatschte in die Hände und sagte zu ihrem Mann: «Sehen sie nicht wie Schwestern aus?»

Das Sommerhaus war kleiner, als ich es mir vorgestellt hatte. Es ist ein O.K.-Haus, wie Clarice es ausdrückte. Überall im Haus hatte Sophie Blumen hingestellt. Je nachdem, in welchem Raum man sich aufhielt, roch es nach Azaleen, Lilien und Orchideen. Im Erdgeschoss gab es eine Küche und ein großes Wohnzimmer. Dort saßen wir bei geöffneter Verandatür und tauschten bis spät in die Nacht Erinnerungen aus. Von weitem hörte man das Meer rauschen. Herr Schmitz legte einen Arm um Sophies Schultern. Er war ein Mann von sechsundfünfzig Jahren, mit dem Stolz und der Zufriedenheit eines Menschen, der für das, was er besaß, gearbeitet hatte. Herr Schmitz reiste während des Jahres geschäftlich so viel herum, dass er sich in den Ferien nicht auch noch bewegen wollte. Er lag den ganzen Tag in einem gelb-weiß gestreiften

Liegestuhl im Garten. Die aufgeschlagene Zeitung lag wie ein Zelt über seinem Gesicht. Wenn Clarice, Sophie und ich am späten Vormittag im Badeanzug durch den Garten an ihm vorbeigingen, hob er den Arm und winkte uns zu. Sein Gesicht blieb unsichtbar unter der Zeitung. Der Strand war nur wenige Minuten vom Haus entfernt. Barfüßig kletterten wir über die Dünen, hinter denen sich das Meer verbarg. Der Tag begann damit, dass wir einander den Rücken mit Sonnenöl eincremten. Ich rieb Clarices Rücken ein, sie meinen und den ihrer Mutter. Aus den Augenwinkeln beobachtete ich genau, wie sich Clarices Hände mit kreisenden Bewegungen auf Sophies Rücken bewegten. All die anderen Frauen, die ich kannte, hatten problematische Beziehungen zu ihren Müttern, die von Hass, Schuld- und Neidgefühlen bestimmt waren, bei denen manchmal selbst der Tod keine Entspannung bewirkt hatte. Ich konnte nicht anders, als Clarices Hände auf dem friedlichen Mutterrücken anzustarren.

Abends, wenn wir zurückkehrten, empfing uns Herr Schmitz ausgeruht und gut gelaunt. Er bekochte uns Frauen mit leichten Gerichten, kalten Suppen und Fisch. Er nannte Sophie «Liebling», und manchmal, wenn er etwas getrunken hatte, auch «Sweety», was mich immer peinlich berührte, obwohl die Bezeichnung zu ihr passte, aber nicht aus seinem Mund. Wir verbrachten ruhige, gleichförmige Tage. Clarice entspannte sich, und ihr Körper wurde braun und wieder rundlicher. Eines Abends klingelte das Telefon, und Clarice blieb eine Stunde weg. Als sie zurück kam, teilte sie fröhlich mit, dass ihr Fotografenfreund Jan auf dem Weg zu uns sei. Clarice und ich holten ihn mit dem Auto vom Bahnhof ab. Er stand lächelnd auf dem Bahnsteig mit dünnen blond behaarten Beinen, die Fototasche umgehängt. Auf der Fahrt setzte ich mich auf den Rücksitz, und Jan schnüffelte in Clarices Locken, atmete den Duft ihres Haares ein. Mit großer Selbstverständlichkeit umarmte er zur Begrüßung Clarices Eltern und ging mit ausholenden Schritten durchs Haus, wobei er sich alles genau ansah. Am nächsten Tag packte er seine Fototasche aus. Die kleinsten Dinge konnten sein Interesse wecken: Ein Lichtstrahl, der durch die Verandatür fiel und auf dem Holz des Tisches ein helles Rechteck warf, ein Blütenblatt, Clarices nackter Arm, der von einer Stuhllehne hing. Abends am Strand fotografierte er vorbeiziehende Wolken, die untergehende Sonne, das Meer und die angespülten Muscheln. Schließlich warf er sich auf den Boden und fotografierte die Struktur des Sandes. Clarice, Sophie und ich lachten bei diesem Anblick auf unseren Badetüchern sitzend. Jan blickte durch das Objektiv, robbte durch den Sand und entdeckte dabei wie zufällig Sophies Füße. Er rief aus, wie wunderbar ihre Füße seien. So klein und rund, und er bat sie den Sand durch die Zehen rieseln zu lassen. Sophie wurde rot im Gesicht, strich sich wie ein plötzlich jung gewordenes Mädchen linkisch Haarsträhnen aus der Stirn und legte sie hinters Ohr. Sie tat, was Jan sagte, und er fotografierte begeistert ihre Füße. Während des Abendessens saßen sie sich gegenüber, und Jan beobachtete, wie Sophie die Gabel zum Mund führte oder wie ihre Hände die Serviette auffalteten. Sie schien es nicht zu merken, aber Clarice merkte es und ging früher zu Bett als sonst. In den folgenden Tagen war Jan damit beschäftigt, Sophie zu fotografieren. Er begleitete sie zum Strand, wich nicht mehr von ihrer Seite. Nur manchmal fuhr er schnell ins Dorf, um neue Filme zu holen.

Sophies Stimme wurde plötzlich wieder hörbar. Ihr Lachen schwirrte wie eine unsichtbare, aber immer und überall präsente Gestalt durchs Haus. Clarice versuchte, sich nichts anmerken zu lassen, aber ich spürte zum ersten Mal, dass sie

Angst hatte. Manchmal blickte sie ihren Vater von der Seite an, als warte sie darauf, dass er etwas sagte. Nur einmal fragte Herr Schmitz Jan nach dem Abendessen, was er eigentlich mit all den Fotos machen wolle. «Ach, eigentlich nichts», erwiderte Jan, «ich übe nur.» Herr Schmitz klopfte ihm auf die Schulter. Etwas zu heftig, um es noch freundschaftlich zu meinen. Aber Jan tat nichts dergleichen, drückte an seiner Kamera herum und begutachtete sie von allen Seiten, wie ein interessantes lebendiges Wesen.

Am Vorabend der Abreise beschloss Sophie im Garten zu essen und trug mit Jan den Tisch nach draußen. Clarice klagte über Kopfschmerzen und verabschiedete sich noch vor dem Nachtisch. Kurz darauf gingen auch Herr Schmitz und ich in unsere Zimmer. Von meinem Schlafzimmerfenster konnte ich Sophie und Jan sehen, zwei Verliebte, die im Licht einer Kerze einander gegenüber saßen. Clarice klopfte an die Tür: «Ich kann nicht schlafen», sagte sie und kroch in mein Bett. In embryonaler Krümmung lag sie unter der Decke. «Mach das Fenster zu», sagte sie kühl, «ich habe es immer gewusst.» Nächtelang waren wir als Kinder schlaflos nebeneinander gelegen, weil wir die Gespenster nicht verpassen wollten, die an uns vorbei schleichen würden, sobald wir die Augen geschlossen hätten.

Noch bevor die Sonne aufgegangen war, stolperte Herr Schmitz ins Zimmer. «Sie sind weg», sagte er mit erstickter Stimme. Clarice setzte sich unvermittelt auf. Nicht nur ihre Augen waren weit geöffnet, ihr ganzes Gesicht schaute. Es war still im Haus. In der Ferne konnte man die Brandung hören. Clarice schmiss in jedem Zimmer die Blumen fort. Sie knickte die Stängel und rupfte die Blütenköpfe ab. Herr Schmitz schüttelte wie mechanisch den Kopf. «Ist sie denn wahnsinnig, ist sie wahnsinnig geworden?», sagte er wie zu sich selbst, während er die Sachen, die er in den Koffer gelegt hatte, wieder herausnahm und anstarrte, als wüsste er nicht mehr wohin damit. Ich musste an Clarices Kinderhaar denken, die Locke, die ich irgendwo in einer Streichholzschachtel aufbewahrt hatte. Ich ging zu ihr hin und packte ihren Arm. «Das legt sich, das hat nichts zu bedeuten», sagte ich unsicher. Clarice blickte kurz auf. Meine Worte verschwanden hinter ihren Augenscheiben im Dunkel.

SARAH KHAN

Das Leben – ein Marsch. Die Moderne Frau ist eine Soldatin. «I do NOT want you», sagt Sarah Khan

Viele Frauen jagen mir höllische Angst ein, ihr bloßer Anblick, ihre Stimmen, ihre Lebensführung. Gleichzeitig empfinde ich Mitleid und wünsche mir, dass dieser Horror nicht die ganze Wahrheit spiegelt. Ich will hier beschreiben, was ich sehe, wenn ich diese Frauen sehe, die mich überall umzingeln. Vielleicht sind auch Sie so eine Frau, die ich als Soldatin bezeichne. Vielleicht gehören auch Sie zu dieser Schar, die ich hier betrachten möchte, und über die ich jetzt furchtlos sprechen muss. Dafür wähle ich eine militärische Ausdrucksweise, weil sie angemessen und notwendig dramatisch illustriert, was ich wahrnehme – in den Geschäften, auf der Straße, in den Clubs und Bars, an den Telefonen und in den Zeitschriften, Filmen und Fernsehserien: Ein riesenhaftes Heer von Soldatinnen lebt in diesem Land. Die Militarisierung der Frau hat alle Lebensbereiche erfasst. Täglich werden Tausende Frauen eingezogen. Und ich weiß, dass es verdammt schwer ist, sich dem zu verweigern – weil dieser Prozess inmitten eines so genannten alltäglichen Lebens stattfindet. Die Lage ist ernst. Deshalb ist es jetzt wichtig, genau zu beschreiben, wie sehr er die Frauen und das Leben aller durchdringt. Denn noch gibt es unschuldige Zivilisten, Alte und Kinder. Aber für wie lange?

Die bedeutendsten soldatischen Tugenden sind: Tapferkeit und Disziplin.

Sind Sie ein tapferes, tapferes Frauchen? Müssen Sie Ihrem Leben alles abkämpfen, sich ständig zusammenreißen und stets an einem eisenharten Willen arbeiten? Geht ohne diesen Willen nichts, aber auch gar nichts in dieser von Feinden und Feindseligkeiten umstellten Welt?

Seit wann genau die Welt der Soldatin existiert, kann ich nicht sagen. Ich bemerke sie erst seit ein paar Jahren. Ich nehme an, die Militarisierung der Frau hängt sowohl mit der Fetischisierung von Tand als auch mit den Zwängen des ökonomischen Systems, des Kultur- und Berufslebens zusammen.

solidus – Goldmünze, deren Wert mit der Zeit sank

soldatisch – milis, militaris – «der zum Haufen gehörige»

Seit wann gibt es Haufen? Seit wann bilden Frauen Haufen? Ich weiß es nicht. Ich bin seit 1971 auf dieser Welt. Ich glaube, es war schon so, als ich geboren wurde. Der Haufen war damals vermutlich kleiner, musste noch mit anderen Lebensformen wetteifern. Nun aber ist der weibliche Teil meiner Generation in toto erfasst und fast alle Mitglieder sind bereits eingezogen.

Im Stechschritt Eine Soldatin hat es nicht leicht, einen Lebens- oder Sexualpartner zu finden. Ist sie paarungswillig, muss sie gewisse Regeln der Taktik – was Kunst des Aufstellens meint – und der Tarnung einhalten.

Evolutionsgeschichtlich ist die Soldatin mit der Situation konfrontiert, dass zwar der zeitgleiche, gemeinsame Orgasmus von Mann und Frau existiert – nicht aber der gemeinsame, zeitgleiche Wunsch, Nachkommen zu erzeugen. Diese zeitliche Kluft zwischen Sexualakt und Erzeugung von Nachkommenschaft überbrückt die Soldatin erfolgreich, wenn sie beim Mann den so genannten Beschützerinstinkt auslöst. Da Männer aber in den seltensten Fällen einen vernünftigen Grund dafür erkennen, eine tapfere Soldatin zu beschützen, muss sich die Soldatin tarnen. Eine plötzlich eintretende Veränderung der Stimme (die knallharte Lady klingt auf einmal wie ein piepsiges Mäuschen) und die Bereitschaft, jederzeit ein paar überspannte Tränen fließen zu lassen, verweist auf die ausgeklügelte Camouflagetechnik der gemeinen Soldatin. Weiterhin gehören modische Ausrichtungen wie «Kindchenschema-Appeal» und «Schulmädchen-Look» zu dem üblichen Tarnkappen-Repertoire.

Sollte eine Soldatin trotz dieser Scheinmanöver kein «Glück» haben – diesen rührend altmodischen Begriff akzeptiert eine waschechte Soldatin eigentlich nicht –, dann organisiert sie sich einen gewaltfreien Mann und hofft, dass der zeitgleiche Orgasmus selbst in diesem Verhältnis der zweiten Wahl eintritt.

Auf jeden Fall gilt eines für die Soldatin im Single-Status: Sie kämpft bis zum letzten Mann. Aber bis zum allerletzten. Und nimmt sie Gefangene? Na sicher! Hierbei gelten die Genfer Konvention, das Kinderschutz- sowie das Tierschutzgesetz.

Humanitäre Hilfeleistung und aktive Friedensgestaltung sind Leitmotive einer soldatischen Ehe. Da es nun mal Politik und Diplomatie zukommt, Kriege zu verhindern, trifft die Soldatin wirklich keine Schuld, wenn es einmal zu Grenzverletzungen kommt.

Die allein erziehende Soldatin zeichnet sich durch besondere Tapferkeit aus, sie schlägt sich mit ihrem Kind durch ein konkurrenzlos hartes und entbehrungsreiches Leben. In aller Herrgottsfrühe steht sie auf und befördert das Kind in eine

Krippe oder bringt es bei der verwandten Soldatin a. D. unter (Abzeichen O.M.A. = Ohne Militärische Aktivität). Auf der Arbeit steht sie hiernach mehr als ihren Mann, damit kein niederträchtiger Kollege behaupten kann, sie würde weniger leisten. Spät abends, wenn das Kleine schläft, bemüht sie sich um ihre Fortbildung. Eines schönen Tages kommt die Karriere durch Qualifizierung voran und die aufrechte kleine Soldatin kann ihrem Kind etwas mehr bieten. Vielleicht sogar einen Vater. Als leuchtendes Beispiel darf die Journalistin und Bundeskanzlergattin Doris Köpf herhalten: Nach Ablauf einer beschwerlich steilen Karriere als allein erziehende und hoch qualifizierte Berufsoffizierin darf sie nunmehr in den Armen des Gerhard Schröder und repräsentativ an der Spitze des Staates ihren verdienten Lebensabend genießen. Und sollte sie einmal großen Kummer haben, weil sie aufgrund der starken Inanspruchnahme ihres Gatten durch die Geschäfte der Regierungsführung sehr viel alleine ist, tröstet sie sich hoffentlich in den Armen eines feschen Obergefreiten.

Hagel und Granaten Da der Körper der Soldatin, ähnlich einem hoch entwickelten Panzer, gestählt und ständig gewartet sein will, ist die richtige Ernährung entscheidend und Voraussetzung für ein gesundes und siegreiches Leben. Die Soldatin beherrscht die korrekte Zubereitung von Vitalstoff-Quark und Apfelsaft-Müsli. Ohne mit der Wimper zu zucken oder gar zu weinen verzehrt sie diese. Puten-Paprika-Salat kann sie in fünf Minuten zusammenlegen und unter exakter Angabe der genauen Nährstoffzusammensetzung entsichern.

Zwei Fleischportionen pro Woche sollten der Soldatin reichen. Ob sie der Empfehlung der Heeresleitung bzw. der dazugehörigen Presseorgane tatsächlich nachgeht und ein- bis zweimal die Woche Seefisch auf den Tisch bringt, und ob sie ihren Jod- und Fettsäurehaushalt durch ernährungsergänzende Präparate auch korrekt führt, ist mir nicht bekannt. Sie interessiert sich aber vorrangig für die neuesten Erkenntnisse auf dem Gebiet der Soldatenkost.

Es sind also gerade diejenigen Lebensmittel, die nach den neuesten wissenschaftlichen Erkenntnissen empfohlen werden, die ihr die Munition für alle Einsätze liefern.

Auch die Teilung der Welt in Freund und Feind findet sich im Speiseplan der Soldatin:

> «Vitamin E steigert die Abwehrkraft gegen freie Radikale, die durch UV-Strahlung, Nikotin, Medikamente entstehen können. Der Tagesbedarf einer erwachsenen Frau bei angenommenen 65 Kilogramm Lebendgewicht beträgt 12 mg D-alpha-Tocopherol-Äquivalente.»

Liegen die Nerven der Soldatin einmal blank, versorgen sie die Lazarettapotheke oder Kameradin Maria Treben. Sollten konventionelle Pharmaka oder Heiltees aus Baldrian, Melisse, Johanniskraut und Pfefferminze ihr nicht zügig helfen können, dann versucht sie, ihre Nöte mit Hilfe von ätherischen Ölen oder Wechselfußbädern in den totalen Griff zu bekommen.

Den weiblichen Problemzonen – und hiermit meint die Soldatin nicht die verzweifelte Situation von Frauen in Afghanistan, sondern Hüfte, Po, Oberschenkel – begegnet sie eiskalt, unerbittlich und kühn. Mit Powergymnastik, östlichen Kampftechniken und vielerlei aeroben Bewegungssportarten baut und erhält die Soldatin ihre Muskeln. Trotzdem scheitert sie oftmals an diesen Problemzonen und kann ihre militärischen Ziele nicht erreichen. Warum dies so ist, weiß kein Mensch. Vielleicht ist der Imperialismus am eigenen Körper ein letztlich zum Scheitern verurteiltes Modell. Bedeutende deutsche Körper-und-Ernährungs-Soldatinnen sind das Fotomodell Claudia Schiffer (Meisterin aller Waffenklassen) und in zivilnäherer Form die Athletin Anke Huber («Leicht muss es sein.»).

Heimatfront Die Unterbringung / Kasernierung der Soldatin findet in gemütlichen, also kleinen Wohnungen statt – wie z. B. in einem toprenovierten ehemaligen Proletenaltbau oder einem alpinaweißen Studio-Apartment. Sie gibt etwa 40 % ihres Soldes für Unterbringungskosten aus und entrüstet sich natürlich nicht über ihre systematische Singularisierung. Es ist ja auch zu schnuckelig. Und bei wem könnte sie sich schon beschweren, gegen wen sich auflehnen? Kostet nur Kraft. Und die Soldatin muss schließlich ihre Streitkräfte beisammenhalten. Egal, was es kostet. Gelegentlich begegnet man einer Soldatin in Zweck-Wohngemeinschaften (innerstädtisches Wohnen), in kinderlosen Ehen (hochbürgerliches Ambiente) und in Ehen mit reichen Schwulen (repräsentative Unterbringung).

Durch Feldpostillen – im Volksmund auch «Frauenzeitschriften» genannt – erfährt die Soldatin moralischen Beistand und alles Wissenswerte über den ansprechenden Lifestyle der Heeresführung. Die Zeitschrift ist der Soldatin an der Front des Lebens ein guter Kumpel, eine beste Freundin, ein Seelentröster und Schönheitsberater. Das Leben in der Truppe erscheint hier von seiner besten Seite, wenn sich auch nicht verhehlen lässt, dass Soldatinnen die tragischsten Konflikte mit Männern auszustehen haben. Darüberhinaus sind die soldatischen Presseorgane an der Missionierung para- oder antimilitärischer Lebensformen interessiert und werden deshalb über die Unterorganisation «Lesezirkel» in jeder Arztpraxis des Landes ausgelegt. Will man etwas über die wahre Stimmung an der Front erfahren, können die Meldungen aus erster Hand, die als Leserbriefe Abdruck finden, aufschlussreich sein.

Die Dauer des aktiven Soldatinnenlebens ist nicht festgelegt, wann eine aufhört, ungewiss. Wehrzersetzung und Spionage sind in der Truppe kein Thema mehr. Da sich die Soldatin ständig in psychischen oder physischen Krisensimulationen befindet, ist sie für die Verlockungen eines unsoldatischen Lebens völlig unempfänglich.

Hart am Wind Soldatinnen studieren Schiffsbau. Aus emotionalen Gründen. Nach wie vor ist das Gefühl die naturhafte Domäne der Frau – nur kommen Gefühlsdinge heute in ganz, ganz anderen Formen daher als zu Jane Austens flattrigen Zeiten.

Gefühl ist heute sowas wie SCHIFFSBAU. Männer studieren Schiffsbau nicht mehr, das machen nur noch gefühlsbeherrschte Frauen (Frauen, die von Gefühlen beherrscht sind *und* diese beherrschen!).

Es ist nämlich völliger Unsinn, Schiffsbau zu studieren! Völlig antik, dickbäuchig, behäbig, nostalgisch, langsam und fischig riechend. Total mega weiblich. So sehr, dass es schon nervt. Soldatinnen sind von einer brutalen Romantik getrieben.

Wer kann Offizier werden? Die Soldatin hat nach der erfolgreichen Grundausbildung gewöhnlich den Ehrgeiz, eines Tages Offizierin zu werden. Doch bevor sie eine ganze Staffel oder Kompanie übernimmt, muss sie sich intensiv mit der Menschen-Führung auseinandersetzen und sich an eine dauerhafte, wenn nicht lebenslängliche Selbstdisziplinierung gewöhnen. Das Panoptikum der erforderlichen persönlichen Opfer und Abhärtungsmaßnahmen ist bunt:

Von jahrelangen Demütigungsritualen in Designer-Boutiquen, ständigen Ortswechseln aus beruflichen Gründen und trostlosen Fortbildungen über Verzicht auf eigene Kinder und systematischen, aber anti-depressiv wirkenden Schlafentzug bis hin zu teuflischen Verführungen durch mittellose Männer.

Witz und Sprache der Soldatin Die Kasernenwitze und Knittelverse, an denen sich die Soldatin gelegentlich versucht, sind nicht dazu angetan, Lachen oder Heiterkeit zu erzeugen. Selbst nach den eigenen Wehr-Maßstäben nicht. Das höflich-schwache Gelalle der Kameradinnen, oft die einzige Reaktion, ersticken die angeborene Freude am Humor im Keime. Trauriges Beispiel eines Kasernenwitzes gibt folgendes Oraldokument, das nach einem zünftigen Grillfest liegenblieb und welches ich nunmehr der Öffentlichkeit zugänglich machen möchte:

«Der Opa zu seiner Enkelin: ‹Hör zu, Mädel. Es ist schön, wenn man sich eine anständige Seife leisten kann.›

‹Aber ich liebe meine Calvin-Klein-Seife!›»

Soldatinnen sind nicht witzig; sie haben Angst, ihr Gesicht zu verlieren. Sie haben Angst, sich lächerlich zu machen. In Abendkursen erlernen sie, echte Witze von falschen zu trennen. Blutige Anfängerinnen sind mehrmals wöchentlich im fernsehübertragenen Publikum der Harald-Schmidt-Show zu beobachten. Dort lachen sie punktgenau auf der neun, weil man ihnen verspricht, dass es dafür einen Extra-Stempel im Bonusheft des Zahnarztes gibt.

Um einen natürlichen Dialog unter Soldatinnen analysieren zu können, begab ich mich in eine teilnehmende Beobachtung und versuchte in einem Straßen-Café unter zwei soldatischen Tischnachbarinnen ein Gespräch zum Thema «Die globale Krise des weiblichen Fleißes» zu stimulieren. Die Probandinnen waren aber zu erschöpft von des Tages harten Einsätzen und setzten sich, wohl um ungestört verbotene Militaria austauschen zu können, umgehend recht weit von mir fort.

Beim nächsten losen Kontakt, in einem freundlichen Gartenlokal aufgenommen, enthielt ich mich meiner Gesprächsvorschläge und zeichnete, unauffällig über meinen Milchkaffee gebeugt, folgenden Dialog der Soldatinnen auf Band auf.

Soldatin 1 (S1) und Soldatin 2 (S2):

S1: Ich warte schon seit einer Stunde auf meinen Avocadosalat.

S2: Bei wem hast du bestellt?

S1: Bei dieser Tussi da hinten. Meinst du, die ignoriert mich?

S2: Die stauch ich gleich zusammen. *(Kichern)*

S1: Ach was, lass uns einfach woanders hingehen.

S2: Und dein Salat?

(Pause)

S1: Mein Auto ist so blöd geparkt. Wie geht's Marco?

S2: Ich ruf ihn nicht mehr an. Er soll sich melden. Schließlich will *er* was von *mir*.

(Der Salat kommt)

S1: Na endlich, hat ja lange genug gedauert. Willst du auch was?

S2: Nein, danke. Wirklich nicht.

(usw. usw.)

Dieser Dialogausschnitt bestätigt meine Thesen aufs Deutlichste. Ein neuer Aspekt allerdings ist das «Kichern», dessen Psychologie komplex zu sein scheint. Vor Ort war auffällig, dass die Kichernden einerseits eine körperlich konspirative Haltung einnahmen (Hand vor den Mund) – andererseits durch die Schrillheit des Klanges die Aufmerksamkeit aller im Café-Garten Mitanwesenden auf sich lenkten.

Verblüffend ist der Gedankenwechsel der S1 von «mein blöd geparktes Auto» zu «was macht eigentlich dein letzter Liebhaber»? Der Gedanke an eine läppische Ordnungswidrigkeit scheint für S1 eng mit dem Liebesleben der salatabweisenden S2 verknüpft zu sein.

Ich lehne dieses soldatische Leben ab.

Es ist mir, ich wiederhole mich gerne, es ist mir ein Horror.

Scheitern muss erlaubt sein. Denn Scheitern ist endgeil:

Nie wieder Nahkampf. Nie wieder Giftgas. Nie wieder Ernstfall. Nie wieder tauglich.

Die praktische Anwendbarkeit dieses Traktates soll gleich null sein.

Null ist eine unendliche Zahl, die sich immer im Kreis dreht. Aus der Spur der Null gibt es kein Entkommen.

Wieso nur erkennt die Soldatin nicht, dass sie eine beschissene Soldatin ist? Wieso sieht das Heer sich selbst nicht? Das Heer tarnt sich vor sich selbst, und vielleicht bin ich auch schon ein Teil davon. Ich vermute, die Soldatin bemerkt nichts, weil sie in ihrem Herzen das Bild der Prinzessin trägt. Die Soldatin glaubt, eine süße, kleine, liebenswerte oder verwunschene Prinzessin zu sein. Sie will ihre physische und psychische Stärke, ihr taktisches Wissen, ihre Ausbildung, ihre erzwungene Derbheit und innere Hässlichkeit nicht wahrhaben – und deshalb phantasiert und camoufliert sie sich als unbescholtener Engel. Wenn man schon Soldatin ist – warum dann nicht wenigstens mit Anstand, Würde und (Ge-) Wissen? Soldatin sein, ohne auf den gläsernen Pantoffel zu warten! Es wird niemals gläserne Pantoffeln oder weiche Hausschuhe geben – die Soldatin geht immer in Knobelbechern durchs Leben. Selbst wenn diese als Stilettos von Gucci oder Sneakers von Donna Karan New York daherkommen.

Auch die harte Erbse unter der Matratze spürt die falsche Prinzessin nicht mehr, schon seit dem Grundwehrdienst nicht – denn die Powergymnastik und die austrainierte Hornhaut härten gründlich ab.

Das Leben als Soldatin ist letztlich nur auf eines ausgerichtet: ANGST und die Kultivierung von SCHLECHTER ERFAHRUNG.

So my Darling, please surrender Deshalb möchte ich keine Soldatin sein. Sollte ich bereits eine sein, dann bin ich es leid. Ich möchte meinem Leben nicht alles abkämpfen. Ich will nicht dienen, durchmarschieren, tierisch tapfer sein müssen und kaserniert leben, ich will keine fremde Ehre verteidigen oder unwichtige Grenzen schützen. Ich kämpfe nicht bis zum letzten Mann. Und vor allem: Ich verlange etwas ganz Bestimmtes vom Leben, und das darf eine Soldatin naturhaft nicht tun – ich verlange Überraschungen aus dem Hinterhalt.

CARMEN KORN

Tante Sofie

Flirrendes Licht fällt auf den Boden des Spielplatzes, eine klare helle Luft, als blicke man durch blank geputztes Glas, und doch ist die Sonne satt und warm und lässt das hohe Eisengitter, das den Platz umgrenzt, Schatten werfen auf die feste, feuchte Erde. Später, in der Erinnerung, werde ich dieses glückselige Licht für den Glanz der fünfziger Jahre halten, weiß lange nicht, dass es doch nur meine erste Erfahrung mit dem Frühling war. Ein Frühlingstag, an dem ich auf der festen, feuchten Erde vor dem Sandkasten hocke, um eine Kuhle für meine Klicker zu graben. Ab und zu blicke ich zu den Füßen hin, bin beruhigt, sie still und gelassen nebeneinander stehen zu sehen, in hellen Schuhen mit den breiten, kurzen Absätzen, wie nur ältere Frauen sie tragen, Tante Sofie ist noch da und findet auch nicht, dass es schon Zeit wäre, zu gehen, und der Boden zu kühl und meine Finger dreckig. Sie sitzt auf der Bank und lässt mich gewähren, denn im Herzen ist sie eine Anarchistin, auch das weiß ich noch nicht, ahne nur, dass ich selbst allmählich zum Umsturz bereit bin, der sich gegen frühes Schlafen gehen richtet, gegen stetes Waschen der Hände, des Halses, hinter den Ohren, gegen das Festsitzen in der Wohnung meiner Großeltern, denn dort kann dem Kind am wenigsten passieren. An diesem Tag fange ich an, zu ahnen, dass Tante Sofie meine Gefährtin im Kampfe sein wird.

Sofie hatte schon immer viele Gegenspielerinnen, meine gute, vernünftige Großmutter ist eine davon. In den wenigen

Wochen des Jahres, die ich bei den Großeltern verbringe, stehen zwei Geistesrichtungen in steter Konkurrenz zueinander, es geht um Kindererziehung, es geht um mich. Tante Sofie sitzt auf dem schlichten Stuhl, der gerade zwischen Küchensofa und Schrank passt. Sie raucht, neben ihr liegt eine Blechdose mit Reila, gut für den Rachen der Raucherin. Sofie spricht von Katastrophen, alltägliche, wie sie dauernd in der Familie passieren und in der Nachbarschaft, keine von der Sorte, die Zeitungen erreichen. Tante Sofie weiß viel vom Scheitern, von verlorenen Träumen und Träumchen. Ihr Gesicht weiß auch davon, und ich halte sie für uralt, älter als ihre Schwägerin, meine kleine runde rosige Großmutter, deren Haut allabendlich mit Nivea Creme beklopft wird. Sofies Haut ist angegilbtes Papier, zerknittert und dann halbwegs wieder glatt gestrichen. Ich hänge an ihren Lippen und pflücke Albtraummaterial aus ihren Geschichten. Nachts wird meine Großmutter wieder bei mir auf dem ausziehbaren Sofa im Wohnzimmer liegen müssen, weil mir das Stückchen Flur zum Schlafzimmer hin eine zu finstere Passage sein wird. Gebrochenes Herz, höre ich Sofie zwischen zwei Zügen an einer Zigarette sagen, und Messer schon in der Hand. Hör jetzt auf, Sofie, sagt meine Großmutter und schiebt ihr ein Tellerchen mit frischem Gemüse hin, vom Mittagessen übrig geblieben, Sofie schiebt es weg und zündet sich noch eine Ernte 23 an.

Gemüse ist gesund. Frischer Spinat, dessen zarte Blätter durch den Wolf gedreht werden, ist, derart zu Mus gemacht, besonders gesund. Glaubt meine Großmutter. Sie will das Beste für ihre einzige Enkelin. Will, dass das Kind Spinat isst. Oft und gern. Die Vierjährige teilt diese Meinung nicht. Tante Sofie auch nicht. Doch sie ist bereit, Automarken zu nennen. Ein Ford Taunus, der sich da gemeinsam mit dem grünen

Mus in meinen Mund schiebt, ein Opel Rekord. Bei der zuvielten Gabel voller Spinat passiert es. Das Kind spuckt ihn aus. Eine Fontäne, die sich auf die Großmutter richtet und Sofies weiße Bluse trifft. Tante Sofie lacht, wenn auch verzögert. Ihre Schwägerin ist nur noch wütend. Das Kind ist eigensinnig. Meine eigensinnige Großmutter hasst Eigensinn bei anderen Menschen. Das Kind ist verzogen und undankbar. Es will keinen Spinat, keinen Haferbrei, keinen Rosenkohl. Was es so unbedingt nicht will, braucht sein kleiner Körper sicher besonders dringend. Es muss nur hinein gezwungen werden. Komm, sagt Sofie in ihrer weißen Bluse, die noch feucht ist vom Reiben und voller grüner Flecken. Wir beide gehen ins Café Gold, sagt sie zu mir, wir gehen Eis essen.

Tante Sofie ist zu dieser Zeit fünfundfünfzig Jahre alt. 1901 geboren. Wie Marlene Dietrich, sagt sie. Diese beiden Leben, kurz nacheinander begonnen, haben kaum etwas gemein, nur die Neigung, nicht alles gut zu heißen, keine Norm und keinen Hitler. Sofie ist seit den zwanziger Jahren Sozialdemokratin, wie ihr Bruder, mein Großvater, wie auch meine sonst konservative Großmutter. Adenauer wählen, da können die drei nur den Kopf schütteln, dabei ist Adenauer in und um Köln und Düsseldorf Ehrensache. Lokalpatriotischer Schwachsinn, sagt Sofie. Ihre Hingabe für die Linken macht sie mir geheimnisvoll, als sei sie Mitglied einer Räuberbande. Mein katholischer Vater wählt die CDU, wird es tun, bis Willy Brandt kommt. Er ist der einzige Künstler weit und breit, doch die Familie seiner Frau hält er für einen ziemlich verrückten Haufen. Eine Auszeichnung, die nur Sofie wirklich verdient, sie, die schon mal einem Liebhaber die Fensterscheiben eingeschlagen hat. Sofie hat so schöne Beine, sagt die Familie. Tatsächlich hat sie auch das noch mit Marlene Dietrich gemeinsam. Doch Sofie wird nichts machen aus ihren Beinen.

Ihre Männer sind vom Glanz so weit entfernt wie vom Mond. Die Eifel ist näher. Dahin kommt Sofie dann und wann. Ihr Gesicht gleicht mit den Jahren dem eines traurigen Pferdes. Doch ihr Mund wird dem Leben nicht gram werden.

Ihr Erster ist ein Kellner namens Ludwig. Keiner erinnert sich daran, ob sie ihn geliebt hat. Er stirbt jung auf seinem Fahrrad. Ein Motorradfahrer fährt in ihn hinein, als Ludwig von der Arbeit kommt, beide sind nicht nüchtern. Sofie, die Witwe, sucht nach den glücklichen Augenblicken im gemeinsamen Leben, um Trost zu finden. Ich brauch mir wenigstens keine Vorwürfe zu machen, sagt sie schließlich zu ihrer Schwägerin, ich bin immer mit ihm aufgestanden und hab ihm frischen Kaffee gemacht. Viel später wird sie mir einen silbernen Ring mit Granatsteinen geben, mich damit zu ihrer Erbin machen und schwören lassen, den Ring nie zu einem Pfandleiher zu bringen. Es ist der einzige Schmuck, den Ludwig ihr je geschenkt hat, ein Granatring aus dem achtzehnten Jahrhundert, wird sich herausstellen, von wie vielen Pfandleihern und Händlern schon entgegen genommen und wieder verkauft, eines Tages auch an den Kellner Ludwig. Der nächste Mann singt im Opernchor, und mit ihm glaubt Sofie ein Zipfelchen Glanz in den Händen zu halten. Steuermann, halt die Wacht, singt er laut, wenn er das kleine Mädchen auf den Schultern trägt, das mal meine Mutter sein wird. Sofie nimmt ihre Nichte oft mit in das Liebeshäuschen, welchen Anstand sie wahren will, wer weiß es noch. Doch der Chorsänger verlässt sie, einer anderen wegen. Sofie hört es und zerschlägt ihm die Scheiben im Häuschen, in dem so schön gesungen wurde, eine Affekthandlung, sie tut es mit bloßer Faust. Ihre Hand wird über viele Wochen hin zerschnitten sein, ihre Tat in meinem Herzen weiter leben. Hättest du dir doch wenigstens einen Stein genommen, sagt ihre vernünftige Schwägerin.

Sofie wird der Osterwunsch von Hans und er ihr zweiter Ehemann, der einzige ihrer Männer, den ich kennen lernen werde. Ein neuer Krieg hat begonnen, auch schon der zweite in Sofies Leben, als sie die Anzeige in einer Düsseldorfer Zeitung liest. Hans, der Witwer, bringt die vierzehnjährige Marianne mit und einen Tabakladen, in dem auch Romane verkauft werden und Schreibwaren. Kröskesladen, sagt die Familie, die Sofies Hans misstrauisch beäugt. Hans ist ein Anfasser, das gilt bei all den Festen in einer rheinischen Sippe nicht als besonderes Delikt, doch ihm fehlt der Charme dabei, die Leichtigkeit. Sofie wirbt für ihn bis zum Ende seines Lebens. Er kriegt kein Bein auf den Boden in dieser Familie, aber wer schafft das schon, und alle geben ja widerwillig zu, dass Hans eine ehrliche Haut ist. Er hat es Jahrzehnte später auch bei mir schwer. Nicht des Anfassens wegen, das tut er nur bei ausgewachsenen Damen und auch das schon lange nicht mehr. Hans ist mir zu spröde, ich lechze nach der lockeren Lebensart, wenn ich dem großmütterlichen Haushalt für ein paar Stunden entkomme, nur Tante Sofie will ich dann um mich haben. Pur. Sofie lechzt auch. Nach Kindern.

Die Kinder, die sie nicht hat, sind das Thema ihres Lebens. Tante Sofie holt sie sich aus den Familien ihres Bruders, ihrer Schwester, schart sie im Café Gold um sich. Den Unterricht in Verhütung, den sie dort einer Gruppe junger Mädchen erteilt, geht an mir, der Sechsjährigen, vorbei. Ich widme mich lieber Golds Eis. Welches Thema Tante Sofie da am Wickel gehabt hat, wird erst klar, als ich ein oder zwei der aufgeschnappten Wörter am großelterlichen Abendbrottisch bekannt gebe. Ich bin zu ahnungslos, um zu wissen, dass ich gerade eine große Illoyalität begehe. Die arme Sofie hat sich in den Augen meiner Großmutter ein weiteres Mal als pädagogisch nicht wertvoll erwiesen. Dabei sollte ihr Sofies Aufklärungsunterricht am Herzen liegen, sie, die mit neunzehn Jahren in eine Ehe schlitterte, die sie so früh nicht wollte und nur deshalb bekam, weil sie von Verhütung keinen blassen Schimmer hatte. In dem gleichen Alter landete Sofie bei einer Engelmacherin, die ihr für alle Zeiten weitere Schwangerschaften verpfuschte. Und Sofies schöne Mutter Caroline war einunddreißig Jahre alt, als sie bei einer anderen Pfuscherin starb, weil sie glaubte, nicht auch noch ein viertes Kind satt kriegen zu können. Ich gehöre einer glücklicheren Generation an, sage Pariser vor mich hin und Pessar, meine Wortschätze aus dem Café Gold. Die Pille wird bald kommen. Ich wachse herrlichen Zeiten entgegen, zumindest was das Vermeiden von ungewollten Schwangerschaften angeht. Tante Sofie freut sich an meinem Dahinplappern in Sachen Verhütung, wenn sie auch von ihrer Schwägerin was zu hören bekommen hat, und sie versucht, mein Wissen noch auszubauen, es kann dem Kind schließlich nicht schaden. Doch Sofie denkt nicht nur pragmatisch, sie ist noch viel mehr eine romantische Seele. Sie kennt die Romane, die sie mal im Kröskesladen verkaufte, nie hat sie aufgehört, an die wirklich große Liebe zu glauben, an Grafen und Ärzte und andere edle Männer, die alle nicht bei den Düsseldorfer Stadtwerken arbeiten, wie es ihr Hans nun tut. Es widerspricht ihrer sozialdemokratischen Seele nicht, denn die Liebe ist eine Himmelsmacht, und ich werde später in ihr eine hingebungsvolle Gesprächspartnerin finden, wenn ich mit achtzehn Jahren nicht aufhören kann, über Höhen und Tiefen meiner großen Liebe zu sprechen, Tiroler Adler werden wir dabei trinken, und Tante Sofie wird den billigen Roten in ihrem Rheinweinglas schwenken, als wäre es ein Château Margaux. Sie träumt vom Mondänen wie von der romantischen Liebe, beides wird in ihrem Leben unerreicht bleiben.

Sofie ist elf Jahre alt, als ihre Mutter stirbt. Ihre Schwester ist neun, der Bruder sieben. Er wird für Sofie immer et Jüngken bleiben, noch als er längst mein Großvater ist. Ihr Vater heiratet überstürzt ein zweites Mal, er muss in den ersten großen Krieg ziehen und will die drei Kinder nicht unversorgt wissen. Doch Ida ist die falsche Wahl. Sie lässt die drei noch mehr hungern, als es dieser Krieg von 1914 ohnehin nötig macht, sie schlägt den Jungen, hemmungslos und oft ohne Grund. Sofie, die Vierzehnjährige, ist schon nicht mehr in der Schule, sondern damit beschäftigt, Geld nach Hause zu bringen, als Aushilfe in irgendeinem Laden, in einem Büro. Sie kommt von der Arbeit und findet ihre Stiefmutter beim Schreien und Schlagen. Sofie erwischt Ida an einem sich auflösenden Haarknoten und zerrt sie durch die Wohnung. Nie mehr fasst du mir dat Jüngken an. Sofie tobt. Ihre Drohungen sind fürchterlich. Und Ida lässt den Jungen in Frieden. Ihre Tage in dieser Familie sind ohnehin gezählt, der Mann trennt sich beim nächsten Fronturlaub von ihr, kaum, dass er seine Kinder in Augenschein genommen hat.

An Courage wird es Sofie nie fehlen. Sie schubst Bruder und Schwäger in Kohlenkeller und schippt eigenhändig Eierkohlen auf die Falltür, wenn Hitlers Schlägertruppen kommen. Dennoch wird es ihr nicht am traurigen Tremolo in der Stimme mangeln, wenn sie sich an das schwarze Schaf in der Familie erinnert, das ganz früh zu den Nazis übergelaufen ist, und sich nach dem Kriegsende am Heizungsrohr erhängt. Sie hat Sinn für das Drama, so oder so, und sie hat eine unbestimmte Sehnsucht, etwas Garstiges zu tun, was sie erlöst vom ganz normalen Leben und von der Vernunft. Wir finden uns früh in dieser Sehnsucht, und obwohl ich wie ein ziemlich artiges Kind wirke und Sofie wie eine früh alt gewordene Frau mit dünnem Haar, Bluse und Rock mit Kellerfalte, sind wir im Geheimen zwei Gefährtinnen im Kampfe gegen eine uns gängelnde Welt. Das Café Gold ist unsere Zentrale. Hier sammelt sich all das Volk, vor dem meine Großmutter mich bewahren will. Frauen, die seit Ewigkeiten die Geliebten verheirateter Herren sind und in Sofie ein mitleidendes Herz finden. Junge Männer, die sich von ihr Rat holen, als wisse sie Liebestränke anzurühren. Und die vielen Gescheiterten des Alltags, die zu viel rauchen und dabei einen Samtkragen trinken, Doppelkorn mit Magenbitter. Wenn Sofie zu viel getrunken hat, gibt sie das Irmchen. Mach dat Irmchen, Sofie. Nicht im Café Gold. Nur auf Familienfesten. Beiträge dieser Art haben dort Tradition. Sofies Vater trägt den Siegreichen Franzos' vor, ihr Bruder singt ein Coupletchen und Sofie ihre Moritat von Irmchen, die unglücklich liebt, ein Kind kriegt, ins Wasser geht. Als wär's im Café Gold recherchiert. Doch als ich in Sofies Leben komme, sind diese Programme auf den Festen längst Vergangenheit, viele der Akteure tot. Die Ungebremstheit jener Jahre sauge ich dennoch in mir auf und hänge ein weiteres Mal an Sofies Lippen.

Et Sofie ist immer auf Tournee, sagt die Familie. Tatsächlich hält sie sich mehr in den Wohnungen der anderen auf als in ihrer eigenen. Vor was läuft sie davon? Vor der Stille der zwei Zimmer, dem wortkargen Mann, der nun in Pension ist und zu oft da? Sofie hat ihr tägliches Programm. Ihre Schwester Lina. Die Schwägerin. Die Stieftochter. Bei der einen Mittagessen, zur anderen auf zwei Zigarettenlängen, die dritte kocht dann Kaffee. Es ist Mittag, und Sofie wird erwartet. Ich lehne mich aus dem Küchenfenster meiner Großmutter, die nicht länger hinter mir steht, um mich schnell an den Beinen fest zu halten, falls ich aus dem Fenster zu fallen drohe. Ich zappele nicht mehr und spucke keinen Spinat, wenn sich meine Vorstellung von einer Nahrungsaufnahme auch noch immer unterscheidet von der meiner Großmutter. Jetzt esse ich vor allem grüne Äpfel, will eine zarte Zwölfjährige sein, kein pubertierender Brocken, der von den üppigen Portionen, die im großelterlichen Haushalt für Heranwachsende vorgesehen sind, dick gefüttert ist. Ich lehne mich aus dem Fenster, in dem ein dickes Kissen liegt, und gucke Sofie herbei, die aus der Tussmannstraße kommen wird. Ich kann in diese Straße hinein sehen, sehe über die große Kreuzung hinweg, an der die Straßenbahnen der Linie 4 halten. In der Erinnerung kommt Tante Sofie die Straße hinunter, als läge ihr Haus mit der Nummer 99 auf einem hohen Berg. Sofie trägt einen Staubmantel, beige, und helle Schuhe mit breiten Absätzen. Sie setzt sich immer noch auf den schlichten Stuhl, der zwischen Sofa und Schrank steht. Die Kücheneinrichtung meiner Großmutter wird sich nie ändern. Hat der sie doch einfach verlassen, höre ich Sofie sagen, während sie den Rauch ihrer Zigarette ausschnaubt, dabei kann dat Elli doch so gut grüne Heringe machen. Meine Großmutter guckt überrascht. Eine so unromantische Argumentation ist sie von ihrer Schwägerin nicht gewohnt. Ich spüre deutlich, dass ihr Sofie auf die Nerven geht. Seit siebenunddreißig Jahren sehen sie sich täglich. Ein paar Ausnahmen wie Ausgebombt sein und in die Eifel evakuiert, und kleine Ferienreisen, die auch nicht weiter weg führen. Höhen eines Lebens. Die Schwägerinnen sind beide an einem Punkt angekommen, an dem sie finden, dass das noch nicht alles gewesen sein kann. Beide haben sie keine Lösungen für dieses Problem, die eine lässt es gereizt sein, die andere noch schrulliger.

Der Tod meines Großvaters wird sie auseinander bringen, Et Jüngken ist tot, sagt Sofie. Sie ist eine der Hauptbetroffenen. Die große Schwester. Hat den Jungen vor Ida gerettet. Seine Tochter geliebt. Seine Enkelin. Hat Jahre auf dem Küchenstuhl verbracht. Dass sie nicht in der Todesanzeige genannt wird trifft sie sehr. Es ist ein Versehen. Vielleicht auch Gedankenlosigkeit. Es hätte nicht passieren dürfen. Doch man könnte drüber weggehen, es verkraften. Sofie kann das nicht. Für sie ist es ein Drama, und sie macht ihre letzte große Szene. Macht sie mit der Kraft, die sie in früheren Zeiten Fensterscheiben hat zerschlagen lassen. Meine Großmutter nimmt die Gelegenheit wahr und bricht mit ihr. Dass es auch mich eine lange Zeit von Sofie weg führen wird, ist allein meine Schuld. Der Egoismus der Vierzehnjährigen, die längst schon nicht mehr in derselben Stadt wie Sofie lebt und die vierzig Kilometer von Köln nun nicht überwindet. Die schrecklich mit sich selbst beschäftigt ist, mit dem Teenager sein, dem Erwachsen werden, dem eigene Wege gehen, fort von der Familie. Ich denke oft an Sofie, doch ich handele nicht. Alle sitzen schmollend in ihrer Ecke. Ich habe am allerwenigsten Grund dazu. Es dauert Jahre, bis ich diesen schlimmen Zustand beende.

Ich bin achtzehn Jahre alt, als ich die Treppe zum zweiten Stock der Tussmannstraße 99 hoch steige. Keiner weiß, dass ich hier bin. Auch Sofie ahnt nicht, was sie erwartet. Sie hat mich schon erkannt, als ich um die letzte Kehre des Treppenhauses komme. Eine alte Frau, kleiner, als ich sie in Erinnerung habe. Sie steht da und zittert. Et Carmi, höre ich sie sagen, et Carmi. Auf den letzten Stufen ist mir endgültig klar, welch eine Idiotin ich gewesen bin, so lange zu warten. Ich umarme sie, und sie geht mir nur bis zur Schulter und ist viel zerbrechlicher als sie sein dürfte von den Jahren her. Wir haben uns endlich wieder, weder sie noch ich zweifeln daran. Nichts Fremdes, kein Vorwurf. Viele Tränen, bevor wir in der Wohnküche zu sitzen kommen und erzählen. Hans ist tot. Sofie lebt allein in den zwei Zimmern, die ich kenne, seit ich lebe, und in denen ich nun jede Woche für einen Nachmittag sein werde.

Die gemeinsame Zeit fängt am Mittag an, wie sie es immer getan hat, wenn Sofie kam und sich auf den Stuhl zwischen Schrank und Küchensofa setzte. Jetzt hole ich sie aus ihrer Wohnung ab, und sie führt mich in die nächste Eckkneipe, und ich esse brav Spinat und Spiegelei und an besonderen Tagen Kasseler mit Kraut, trinke Alt und vielleicht einen Samtkragen. Das Café Gold gibt es nicht mehr, nur die Erinnerung daran und all die Liebesgeschichten, die zu diskutieren sind, meine aktuellen und ihre aus früherer Zeit. Die Nachmittage in ihrer Wohnung, die Loggia, von der man die Gleise sehen kann und die Züge, die aus dem Norden kommen. Dann der Bergadler und das Philosophieren und Dinge klären. Den Granatring gibt sie mir, den Ludwig, der Kellner, sicher bei einem Pfandleiher erstanden hat, die alte Taschenuhr ihres Vaters, meines Urgroßvaters. Die Beerdigung ist schon bezahlt, Kind, höre ich sie sagen. Tante Sofie, wer denkt denn daran, sage ich, du bist doch gerade erst siebzig. Doch Sofie ist hartnäckig. Und der Kranz auf dem Sarg, sagt sie, der ist auch schon bezahlt.

Die Familie ist wieder zusammen. Nur meine Großmutter wird nicht aufhören, sich zu verweigern. Lebt nur diese lange Straße von ihrer Schwägerin entfernt und sieht sie nie mehr. Die mit Sofie verbrachten Jahrzehnte sind ihr genug. Den Nachmittagen von Tante Sofie und mir sind drei Jahre gegeben. Dann gehe ich für sie beinah unvorstellbar weit weg. Erst nach München. Dann nach Hamburg. Karten werden geschrieben, Briefchen, in ihren liegt manchmal ein Zehnmarkschein. Sehen tun sie und ich uns nur noch selten. Sofie ist noch keine vierundsiebzig Jahre alt, als sie stirbt. Ein heißer Sommertag in Hamburg. In Düsseldorf ist es bedeckt und schwül. Ich bin mit einer komplizierten Liebe beschäftigt, einem neuen Job und dankbar, dass meine Eltern Sofie beerdigen werden, und keiner Druck ausübt auf mich. Alles ist von Sofie bezahlt und von ihr festgelegt. Auch die Wirtschaft, in deren Sälchen sich nach der Beerdigung alle finden. Ein Essen wird serviert. Mit Suppe vorweg. Sofie hat auch das schriftlich bestimmt. Ich bin nicht dabei.

Wenn jungen Leuten eines vorgeworfen werden darf, dann ist es die Egozentrik, mit der sie leben, und die es ihnen so leicht macht, die aus den Augen zu lassen, die ihnen wichtig waren und denen sie wichtig geblieben sind. Ein vorübergehender Zustand, irgendwann werden sie es wieder besser wissen, doch der eine und andere Gefährte ihres Lebens bleibt dabei auf der Strecke, hat keine Zeit gehabt, zu warten. Fahre ich mit dem Zug von Hamburg nach Köln, suche ich immer die Loggia in der Tussmannstraße. Dann habe ich Sehnsucht nach diesen Gefährtinnen im Kampfe. Et Carmi. Et Sofie.

PETRA OELKER

Geburtstagskarten

Sie nahm die Post aus dem Briefkasten und sah sie flüchtig durch: der Sonderkatalog eines Versandhauses, zwei Briefe mit Werbung für eine Klassenlotterie und ein Autohaus, die kunterbunte Preisliste eines Pizzaservice und eine Glückwunschkarte. Wenn man 25 werde, schrieb Ellen, setze zwar unaufhaltsam der Alterungsprozess ein, sie solle aber trotzdem tüchtig feiern. Tusch und alles Liebe.

Sonst nichts. Auch keine weiteren Geburtstagsgrüße. Sie hatte keine erwartet, natürlich nicht. Wer schrieb schon noch Karten? Mailen und anrufen war viel praktischer.

Auf der dritten Treppe blieb sie plötzlich stehen, setzte ihre Tasche und die Tüten ab und sah die Post noch einmal durch. Eine Karte fehlte doch. Sie stopfte alles in die Jackentasche zurück und eilte weiter die Treppe hinauf. Es war schon spät, und Jonas konnte Unpünktlichkeit nicht ausstehen. Sie hätte ihren Geburtstagsabend lieber im *Mojo-Club* verbracht, ein Vierteljahrhundert war doch Grund genug für eine ordentliche Portion Bässe. Aber er hatte wieder so gelächelt und gesagt: ‹Tanzen gehen kannst du doch jeden Abend, lass mich mal machen, außerdem ist der Tisch schon bestellt.›

Warum sollte sie ihm den Spaß verderben? So wichtig war ein Geburtstag auch wieder nicht. Kam alle Jahre vor, absolut pünktlich und unvermeidlich. Immerhin hatte Jonas an den Termin gedacht. Früher, zu Hause, hatten sie ihn mindestens zweimal vergessen, auf jeden Fall den neunten und den fünfzehnten. Na ja, früher war vorbei. Gott sei Dank.

Trotzdem seltsam, dass die Karte fehlte. Die eine, die seit diesem fünfzehnten Geburtstag in jedem Jahr und pünktlich am richtigen Tag gekommen war. Nur einmal nicht, zum Siebzehnten. Das hatte sie zuerst gar nicht bemerkt. Es war damals schon fast zwei Jahre her, dass die Meggerling weggezogen war, und man konnte nicht behaupten, dass sie sie vermisst hätte. Jedenfalls nicht wirklich. Kein Ahnung, warum die so penetrant diese Geburtstagsgrüße schickte, Jahr um Jahr, obwohl sie nie eine Antwort bekam. Sicher, sie hatte diese Karten versprochen, aber ständig versprechen irgendwelche Leute irgendwas, und es heißt gar nichts. Außerdem, die Meggerling war ein echtes Kreuz gewesen. Alle hatten sie Meckerlich genannt, obwohl sie eigentlich nie gemeckert hatte, aber irgendwie war sie so spitzmäusig gewesen. So etepetete. Jedenfalls meistens.

Später, zwei oder drei Wochen nach dem siebzehnten Geburtstag, tauchte die Karte doch noch auf. Im Küchenschrank, hinter diesem Sammelsurium von Tassen, Schüsseln und Plastikbechern, Zigarettenschachteln, alten Lottoscheinen, Schokoriegeln, Schlaftabletten und all dem anderen Kram, den ihre Mutter dort immer hineinstopfte. Es war nicht wie in den vorherigen Jahren nur eine einfache Karte gewesen, sondern eine im Umschlag, einem teuren mit Futter aus cremefarbenem Seidenpapier. Der Schein, der offensichtlich darin gesteckt hatte, war verschwunden. Es musste einer drin gewesen sein. Warum hätte sie sonst geschrieben: ‹Kauf dir was richtig Schönes, Melanie, irgendetwas, was nur dir gefällt›?

Natürlich hatte sie ihre Mutter danach gefragt – zur Rede gestellt, müsste man besser sagen – und einen ziemlichen Aufstand gemacht, von wegen Postgeheimnis und Briefe klauen. Ihre Mutter hatte nur ‹du spinnst mal wieder, was?› gesagt, eine neue Bierdose aufgemacht, auf der Fernbedienung den Ton lauter gestellt und sich weiter die blöde Uraltserie aus ihrer goldenen Jugend reingezogen. Ein oder zwei Jahre früher hätte sie noch zurückgeschrien oder gleich ausgeholt. Aber damals hatte sie schon aufgegeben.

Früher war lange her, wie gesagt. Sie war bald danach ausgezogen. Zu Sven. Vom Regen in die Traufe, aber immerhin hatte sie damit den ersten Schritt geschafft. Der Weg aus der Scheiße ist eben immer lang.

Auf dem letzten Treppenabsatz hörte sie durch die Wohnungstür das Telefon klingeln, und als sie aufschloss, erzählte die quengelige Stimme ihrer Mutter gerade dem Anrufbeantworter, wie schrecklich das Wetter sei, und sie habe schon wieder zugenommen, wo sie doch fast nichts esse, und der Arzt sage … und wenn Berti so weitermache, werfe sie ihn raus, endgültig, und wenn …

Behutsam, als könne die Frau am anderen Ende der Leitung es hören, stellte sie den Lautsprecher des Anrufbeantworters aus. Sie wusste, was jetzt noch kam; heute wollte sie es nicht hören. Morgen vielleicht, heute nicht. Erst recht nichts von Berti. Hinter dem freundlichen Namen verbarg sich ein Koloss von einem Mann. Mit den Jahren wohl etwas aus dem Leim gegangen, aber immer noch das alte prügelfreudige Großmaul.

Seit Jahren behauptete ihre Mutter abwechselnd, dass sie ihn liebe und Liebe sei eben stärker als Suff und Prügel (was sie allerdings nie so benannte, sondern als ‹seine kleinen Schwächen› bezeichnete), oder dass sie ihn vor die Tür setzen werde. ‹Endgültig. Gleich morgen. Ein Mann, der keinen Respekt vor einer Frau hat, ist kein Mann.› Das mit dem Respekt war neu. Sie hatte es in einer ihrer Nachmittagstalkshows aufgeschnappt und würde es bald wieder vergessen.

Im Bad streifte sie rasch ihre Kleider ab. Sie begegnete ihrem Gesicht im Spiegel, und wie immer, wenn sie diese Stimme am Telefon gehört hatte, musterte sie das Spiegelbild konzentriert und suchend wie das einer Fremden und wandte sich schließlich mit einem erleichterten Seufzer ab. Sie sah ihrem Vater ähnlich, das hatten alle gesagt, die ihn kannten. Was wahrscheinlich nicht viel besser war, aber der war schon vor so langer Zeit abgehauen, dass sie sich kaum an ihn erinnerte. Sie konnte sich nicht vorstellen, dass er sich viel von seinen Nachfolgern unterschieden hatte, von Franz, Kemal und Berti, besonders von Berti. Aber möglich war alles, und das war besser als gar nichts.

Die Meggerling hatte irgendwann gesagt: ‹Deine Eltern stecken in dir drin. Na und? Wichtig ist nur, was du daraus machst, und das ist deine Sache. Du bist du, Melli. Sonst niemand. Und es ist auch niemand anders Schuld, wenn du deine Gaben verschwendest.›

‹Amen›, hatte sie da nur hingerotzt und schieläugig zum Himmel geguckt, ‹gelobt sei der Herr!›

Die Meggerling war knallrot geworden und hatte die Lippen aufeinander gepresst, als sollten sie zusammenwachsen.

Natürlich war das gemein gewesen. Die Meggerling hatte es doch nur gut gemeint. So schrecklich gut. Aber damals hatte sie auf solche Predigten immer verdammt allergisch reagiert. Dreizehnjährige sind nun mal die Pest. Dafür können sie nichts. Mehr oder weniger. Aber so ein Spruch mit ‹Gaben verschwenden› war zu stark. Wenn sie gesagt hätte: ‹Du bist doch nicht bescheuert wie deine Alte, oder wie dieser fette Sack, den sie dir als Stiefvater angedreht hat.› Das hätte sie damals besser verstanden. Aber die Meggerling hatte nie wie die anderen gesprochen, so lange sie auch in dem Viertel wohnte. Sie war über den Dreck gestiegen, mit ihrem Mutter-Theresa-Lächeln und ihren langweiligen weißen Blusen die geborene Missionsschwester, und hatte sich einfach nicht darum gekümmert, was die anderen dachten oder sagten.

Keiner hatte verstanden, warum sie sich nicht woanders eine Wohnung suchte. Irgendwann hatte sie das ja getan, da war ihr die Lust vergangen auf die rottigen Treppenhäuser und den ewigen Krach im Hof und durch die dünnen Wände. Wenn man in ihre Wohnung kam, war es, als trete man in ein anderes Land. Man könnte ja annehmen, so eine hätte ihre Zimmer voller Rüschengardinen, Puppen mit Porzellangesichtern auf dem Bett und nirgendwo ein Stäubchen. Aber so war es nicht. Wie war es eigentlich? Jedenfalls keine Rüschen und Puppen. Aber hell. Nicht vollgemüllt mit billigem Nippes und zu vielen Möbeln. Es roch auch gut. Ja, das war das Beste gewesen. Dabei roch es nach nichts Besonderem, nur gut. Irgendwie nach frischer Wäsche, nach Kaffee, im Winter manchmal nach Zimt. Eben anders. Sauber und hell. Kitschige Vorstellung. Aber so hatte es tatsächlich gerochen.

Obwohl, mit dem Staubwischen hatte sie es nicht so, und überall lag was rum. Bücher vor allem und Zeitschriften, was ganz normal ist für die Wohnung einer Bibliothekarin. Trotzdem war sie mit ihren Sachen nicht pingelig. ‹Bücher›, sagte sie immer, ‹sind geduldig. Die wollen benutzt werden, ein Kaffeefleck stört die nicht.›

Seltsam, dass sie sich plötzlich so genau erinnerte, nach diesen vielen Jahren. Nur weil die Karte nicht gekommen war? Bestimmt lag sie morgen im Briefkasten. Oder auch nicht. War doch egal. Eigentlich.

Sie stellte die Dusche ab, rubbelte sich eilig trocken (alles musste heute eilig sein, verdammt, war das nicht *ihr* Tag?), und flitzte in ihr Schlafzimmer. Sie liebte dieses Zimmer. Es war hell, und im Frühling duftete es nach dem Flieder, der im Hof wuchs. Schon wieder so was Kitschiges! Aber so war es eben, und heimlich war sie stolz darauf, in einer Wohnung zu leben, in der es manchmal wie in einem Garten duftete. Sie hatte es geschafft, ganz alleine. Sie würde nicht auf irgendeinem durchgesessenen Sofa vor der Glotze versacken und jammern, dass immer den anderen alles in den Schoß fiel. Sie würde keine Bertis in ihr Leben lassen. Sie würde nie …

Erstmal würde sie sich jetzt beeilen. Und zwar mächtig. Sie schlüpfte in die schwarzen Pumps, hangelte gleichzeitig im Rücken nach dem Reißverschluss und warf einen Blick in den großen Spiegel. Kühles grünes Leinen, ganz schmal, viereckiger Ausschnitt, Rocksaum ein Zentimeter über dem Knie – perfekt. Keiner sah, wie billig es gewesen war. Es würde Jonas gefallen. Sie würde ihm nie zeigen, wo sie mal gelebt hatte. Nie.

Sie hoffte, er würde sowieso nicht glauben, dass sie dieser dicke kleine Punk gewesen war, falls er jemals ihren alten Fotokarton in die Finger bekam.

Noch ein Blick in den Spiegel: perfekt. Schrecklich perfekt. Sie öffnete rasch den Verschluss der Perlenkette, fuhr mit spitzen Fingern durch die Schale voller Schmuck, den sie eigentlich nicht mehr trug, und zog eine andere Kette heraus. Ein wunderbar schrilles Glitzerding, und es war ganz egal, wenn er wieder so lächelte und nichts dazu sagte.

Wann war die Meggerling über sie hereingebrochen? Hereingebrochen war eine seltsame Vorstellung bei dieser dünnen, fippsigen Person, aber so war es gewesen. Wann? Genau, als sie dreizehn war und sitzen geblieben und mit dieser Clique rumzog und die Schule schwänzte und es schick fand, zu rauchen und zu saufen mit den Sechzehnjährigen. Wie gesagt, Dreizehnjährige sind die Pest.

Sie griff nach ihrem Lippenstift, malte die Lippen nach – und wischte die Farbe wieder ab. Sie griff nach einem anderen, es war nur noch ein Rest, malte neu – und nickte sich entschlossen zu. Dunkellila. Heute *war* ihr Tag.

Das erste Mal war ihr die Meggerling über den Weg gelaufen, als sie mit diesem Zeugnis auf der Treppe hockte und heulte. Nein, das stimmte nicht ganz. Sie hatte sie schon früher gesehen, auf dem Hof oder auf der Straße, sie wohnten damals schon eine ganze Weile im gleichen Haus, aber eben doch nicht richtig gesehen, nur so, wie man jemanden vorbeigehen sieht und nicht sieht.

An dem Tag hatte sie sie nicht kommen gehört, was bei den alten, knarrenden Holzstufen eine echte Leistung war, und so blieb keine Zeit, das supercoole Gesicht aufzusetzen, das sie so gut drauf hatte. Ganz sicher hatte die Meggerling sie damals nicht gesehen, wie sie wirklich war, sondern gedacht, da hockt ein armes, heulendes Kind, dem muss man mal helfen. So war die Meggerling. Ein bisschen blind eben. Dabei hatte sie an dem Tag nicht geheult, weil sie womöglich was hinter die Ohren bekommen würde dafür, dass sie das Klassenziel nicht erreicht hatte (so stand es unter den ganzen Vieren, den beiden Fünfen und der einen Sechs; die Zwei in Sport hatte da natürlich nicht geholfen). Nein, sie spürte keine Angst, schon lange nicht mehr, sie hatte geheult, weil sie stinksauer über diese bodenlose Ungerechtigkeit war: Sie hatte gebüffelt wie eine Blöde, und alles umsonst.

Das hatte sie auch dieser Frau vorgeflennt, die sich einfach neben sie in den Dreck setzte und fragte, was denn los sei? Keine Ahnung, warum sie der das Zeugnis gezeigt hatte, wirklich keine Ahnung. Andererseits, wem hätte sie es sonst zeigen sollen? Sie wusste schon, was Berti und ihre Mutter sagen würden: ‹Klebengeblieben, unser Fräulein Überschlau. Hahaha. Selbst schuld. Wer wollte denn unbedingt auf die Realschule? Realschule! Gymnasium etwa noch?› Vielleicht würden sie auch rumpöbeln: ‹Doof bleibt eben doof› brüllen und sich als strenge Eltern aufspielen. Vielleicht würden sie nur nuscheln: ‹Scheißschule, ich bin da auch nicht klargekommen›, und sie zum Bierholen schicken. Genau wusste sie es eben doch nicht. Konnte man ja nie.

Die Meggerling jedenfalls sah sich das Zeugnis an, machte spitze Lippen und sagte mit ihrer dünnen Stimme: ‹Gebüffelt wie eine Blöde? Das hat eindeutig nicht gereicht. Büffel doch mal wie eine Kluge.›

Das war genau der Spruch, den sie an dem Tag brauchen konnte. Genau! der! Spruch! Sie wollte wütend aufspringen, aber die Meggerling hielt sie am Arm fest. Nur ganz leicht, aber irgendwie auch sehr entschlossen, und so blieb sie sitzen.

‹Du denkst jetzt, das geht mich gar nichts an›, sagte die Meggerling. ‹Da hast du absolut Recht. Geht mich nichts an. Nur dich. Also: Was willst du jetzt machen?›

Was hatte sie damals geantwortet? Seltsam, sie erinnerte sich nur an das, was die Meggerling gesagt hatte, nicht an ihre eigenen Antworten. Sicher hatte sie irgendeinen trotzigen Dreizehnjährigen-Unsinn hingespuckt. Etwas wie: bekloppte Lehrer, arschige Schule, hab ich doch nicht nötig, abgehen, im Supermarkt jobben. Oder so ähnlich.

Die Meggerling machte wieder ihren spitzen Mund, guckte mit ihren grauen Eulenaugen und nickte bedächtig.

‹Kannst du machen›, sagte sie, ‹jedenfalls sobald du schulmündig bist, bis dahin musst du weiter Sechsen schreiben. Das ist tatsächlich am einfachsten.›

Komisch, die Meggerling konnte ihr so egal sein wie ein Sack Reis in China, aber das gefiel ihr gar nicht. Sie wischte sich mit dem Handrücken unter der Nase lang, ignorierte das Taschentuch, das eine saubere Hand ihr entgegenhielt, räusperte sich röhrend wie Berti und spuckte auf den Boden.

Die Hand mit dem Taschentuch verschwand, und die Meggerling sagte: ‹Andererseits, wer eine Zwei in Sport hat, kann zumindest kämpfen. Oder? Also, Melanie, wenn du mal jemanden brauchst, der dir die Vokabeln abhört oder ein bisschen bei einem Aufsatz hilft, ich wohne direkt über euch. Oder komm in die Bibliothek, ich habe zwar nie viel Zeit, aber da gibt es immer eine stille Ecke, wo du in Ruhe lernen kannst. Der Sommer ist lang. Und langweilig. Oder willst du die ganze Zeit nur rumhängen?›

Dann hatte sie ihr noch einmal die Hand auf den Arm gelegt, nur für eine halbe Sekunde, und war verschwunden.

Verdammt, wo waren bloß wieder die Schlüssel? Selbst wenn sie sich noch mehr beeilte, würde sie mindestens zehn Minuten zu spät kommen. Wo waren die? Sie war doch nur im Bad gewesen. Und in der Küche. Nichts, keine Schlüssel. 48 Quadratmeter, und trotzdem schaffte sie es immer wieder, ihre Schlüssel zu verlegen. Das Telefon. Natürlich. Als erstes hatte sie den Anrufbeantworter leise gestellt. Und da waren sie, die Schlüssel. Neben dem Telefon auf dem neuen Buch. *Europa im Steuerrecht.* (‹Was willst du denn damit?› hatte Jonas gefragt. ‹Sowas brauchst du doch für euer kleines Büro garnicht.›)

Wenn die Meggerling wüsste, dass sie Steuerberaterin geworden war. Es war ein Witz, eigentlich, wenn man an die

Zeugnisse damals dachte. Sitzenbleiben war manchmal gar nicht schlecht, der neue Mathelehrer hatte es gut drauf, selbst den Blödesten brachte er seinen Stoff bei. Zu denen hatte sie zwar nicht gehört, ganz bestimmt nicht, aber von einer Sechs auf eine Drei, das war doch was. Das machte beinahe Spaß. Und die Zwei im Abschlusszeugnis, das war nun echt ein Knaller gewesen. Mein Gott, war das eine Schinderei damals. Eine Menge Freundschaften hatte es auch gekostet, jedenfalls wenn man das, was sie damals hatte, Freundschaften nennen wollte.

Warum hatte sie bloß abgelehnt, dass Jonas sie heute abholte? Wenn sie nun noch den Bus verpasste. Handtasche, Mantel, Tür zu, Treppe runter …

Die Meggerling fuhr auch immer mit dem Bus. Im Sommer allerdings ging sie meistens zu Fuß, die Bibliothek war nicht weit. Bis zu dem Tag, als das auf der Treppe passierte, war sie nie in der Bibliothek gewesen. Nicht, dass sie nie ein Buch angefasst, nie was gelesen hätte. Aber in die Bibliothek gehen? Wenn sie da einer aus der Clique gesehen und es ausgeplaudert hätte, die dummen Sprüche konnte sie sich schon vorstellen. Nein, in dem Sommer hing sie weiter rum. Sonst nichts.

Aber dann, das Schuljahr hatte gerade wieder angefangen, stand die Meggerling eines Abends vor der Tür. Schniefend und verquollen, als hätte sie sich auch einen Berti zugelegt, aber es war nur die Grippe. Ob Melanie vielleicht mal eine halbe Stunde Zeit hätte und für sie zur Apotheke gehen könnte? Und ein bisschen einkaufen?

Natürlich beschloss ihre Mutter, dass Melanie Zeit hatte, und von dem Tag an hielt sie die Meggerling für was Besseres. ‹Die ist ’ne Dame›, sagte sie, ‹aber gar nicht affig›.

Jedenfalls bis zu diesem fünfzehnten Geburtstag.

Sie hatte dann öfter mal was für die Meggerling erledigt, so alle paar Wochen etwa, Kleinigkeiten, und hinterher musste sie immer noch ein bisschen bleiben und Kaffee oder eine Cola trinken, und die Meggerling fragte, wie es ihr so gehe. Das erste Mal war ziemlich muffig, aber dann, also eigentlich war die Meggerling bei aller Spießigkeit gar nicht so übel. Als sie ihr das Geld für die Klassenreise nach Wien nicht gaben zum Beispiel. ‹Ich habe in letzter Zeit ständig Rückenschmerzen›, sagte die Meggerling, ‹wenn du ein paar Wochen bei mir sauber machen könntest, wäre das eine große Hilfe.› Putzen? Na, super! Aber wenn ihr nun mal alles wehtat, was sollte man da machen?

Dabei hatte sie eigentlich gar nicht mitfahren wollen. Wien. Dieser ganze Sissi-Quatsch! Aber es wurde doch eine tolle Reise, und sie war die Einzige, die sich das Geld dafür selbst verdient hatte. Wusste aber keiner, und die Meggerling hat nie drüber geredet. Mit keinem. Ihre Mutter hatte nicht mal gefragt, woher sie das Geld hatte. Die wollte bloß nicht hören, dass es geklaut war, was anderes konnte sie sich sowieso nicht vorstellen, und Berti, in der Zeit ständig hackevoll, interessierte gar nichts, solange die Kohle für Bier und Underberg da war.

Dass sie ihren fünfzehnten Geburtstag vergessen hatten, fiel ihrer Mutter zwar schon beim Frühstück ein, aber vergessen ist vergessen. Sie solle sich nicht anstellen, sagte ihre Mutter, ihr gratuliere schließlich auch keiner, wer hätte denn die ganze Plackerei gehabt mit der Geburt und erst die Schmerzen und wozu man überhaupt Kinder in die Welt setze, nur Undank und Ärger … Sie war schlecht drauf wegen Bertis Sauferei, aber wenn man fünfzehn wird, und keiner hat dran gedacht, ist man selbst auch ziemlich schlecht drauf, und es wurde ein Scheißtag.

Natürlich war es nicht sehr schlau gewesen, anstatt runter und aus dem Haus, die Treppe rauf zu laufen, als Berti bei dem Desaster am Abend zu brüllen aufhörte und anfing zu prügeln. Zum Glück war er so hackedicht, dass er erst mal über seine eigenen Füße stolperte und lang hinfiel, so hatte die Meggerling schon ihre Tür aufgemacht, als er die Treppe raufkeuchte, und Melanie reingezogen. Berti trampelte ein bisschen rum, und dann fing er an, gegen die Tür zu treten. Und die fippsige Meggerling? Anstatt gleich die Polizei zu rufen, wie es jeder getan hätte, der halbwegs bei Verstand war, lief sie rot an und riss die Tür auf. Ehe Berti auch nur ausholen konnte, schubste sie ihn mit ihren dünnen, sauberen Händen zurück und fing so zu brüllen an, dass mit einem Schlag vom Erdgeschoss bis zum vierten Stock alle Türen aufgingen, was schon was hieß in diesem Haus, in dem doch jeden Tag die Hölle los war. Keine Ahnung, was sie gebrüllt hatte, damenhaft war das aber auf keinen Fall gewesen.

Dann warf sie die Tür zu, schnappte nach Luft wie ein Karpfen kurz vor seinem Ende, und riss sie plötzlich wieder auf. Berti stand noch davor, glotzte und sabberte wie ein Ochse, und die Meggerling brüllte: ‹Und wenn Sie es jemals wieder wagen, gegen meine Tür zu treten, dann sollen Sie mich aber richtig kennen lernen!› Rums! flog die Tür wieder zu, ein bisschen Putz bröselte von der Decke, und die Meggerling wechselte die Farbe von hochrot zu tiefweiß.

Aber sie war noch nicht fertig. Sie starrte das Mädchen vor sich an, roch angeekelt Bier und kalten Rauch, und ließ die nächste Tirade los. Dann rauschte sie in ihre Küche, um Kaffee zu kochen und Melanie saß auf dem Hocker neben dem Kühlschrank und heulte und redete und heulte, und die Meggerling hörte zu.

Den Rest dieser Nacht schlief sie auf dem hellen Sofa in

dem hellen Zimmer, und als sie am nächsten Morgen in die Wohnung zurückkehrte, tat Berti so, als sei sie Luft. Er redete eine ganze Woche nicht mit ihr, was eine echte Wohltat war.

Es war nicht der letzte Krach gewesen, natürlich nicht. Das Leben ging weiter, wie es eben war. Trotzdem – irgendetwas war anders, auch wenn es niemand außer ihr bemerkte.

Die Meggerling zog dann bald weg. Ein paar Monate später, vielleicht ein halbes Jahr. Sie gab ihr einen Zettel mit der neuen Telefonnummer, eine Adresse stand auch drauf. Zweihundert Kilometer weit weg. Das war so weit wie Timbuktu. Und dann kamen jedes Jahr diese Geburtstagskarten. Wie versprochen, pünktlich auf den Tag.

Ein paar Mal hätte sie sie beinahe angerufen. Zum Beispiel, als sie merkte, dass Conny der gleiche Schläger war wie Berti und nur von außen lieb, oder als sie doch noch die Lehrstelle bekam. Irgendwo musste der Zettel noch sein. Irgendwo. Natürlich, in dem alten Fotokarton. Da müsste sie mal nachgucken. Aber wo war der alte Fotokarton? Adresse? Woher hatte die Meggerling überhaupt immer ihre Adresse? Seit drei Jahren, seit sie ihre eigene Wohnung hatte, stand die im Telefonbuch. Aber vorher? Die Karten waren immer angekommen, egal, wo sie gerade wohnte.

Der Bus hielt mit einem pfeifenden Ächzen, die Uhr an der Haltestelle zeigte, dass sie nur fünf Minuten zu spät war. Fünf Minuten zu spät war so gut wie gar nicht zu spät. Oder? Die Meggerling musste die Adressen von ihrer Mutter haben, die war die Einzige, die immer gewusst hatte, wo ihre Tochter lebte. Selbst in den Jahren, als sie sich geweigert hatte, mit ihr und Berti zu reden.

Jonas saß an einem Fenster, zwischen den Händen auf dem weißen Tischtuch ein kleines nachtblaues Päckchen mit goldenem Band. Der Mittelfinger seiner rechten Hand klopfte rhythmisch. Sie blieb, halb verborgen von dem Samtvorhang, an der Tür stehen und betrachtete ihn. So wie sie manchmal ihr eigenes Gesicht im Spiegel betrachtete. Doch, es stimmte, er war immer noch der schönste Mann, den sie je gesehen hatte, sein Jackett hatte soviel gekostet, wie sie in einem halben Monat verdiente, und er war klüger als alle, die sie kannte. Na gut, fast alle.

Sie dachte flüchtig an ihre Mutter und an Berti, an den Schmutz, den Geruch von Bier und kaltem Rauch – sie hatte es geschafft. Ganz allein. Sie hatte gebüffelt wie eine Kluge, manchmal, wenn es zu Hause zu laut war, in der Bibliothek, und wenn etwas schief ging, mal wieder, hatte sie gekämpft.

Sie streifte ihren Mantel ab, gab ihn dem Kellner und ging rasch an den Tisch. Er sah auf seine Uhr, nur ganz flüchtig, aber doch deutlich, erhob sich und zauberte das schmelzende Lächeln auf sein Gesicht, das sie immer so wehrlos machte. Er würde ihren Geburtstag nie vergessen. Sie war sicher, er stand schon für das nächste Jahr in seinem Terminkalender. Er notierte alles in seinem Terminkalender.

In dem nachtblauen Päckchen waren Ohrringe, kleine, wunderbar gefasste Perlen, perfekt zu der Kette, die er ihr zu Weihnachten geschenkt hatte, nicht zu teuer und nicht zu billig. Gerade richtig.

Du bist du, Melli, niemand sonst. Wichtig ist nur, was du daraus machst?

‹Und wenn wir gegessen haben›, hörte sie sich plötzlich vergnügt sagen ‹will ich in den *Pudel*. Ich will heute eine ordentliche Portion Bässe. Kommst du mit?›

GRIT POPPE

Schwindel

«Du hattest keine», sagt meine Mutter und sieht mir auf den Mund. René sitzt dabei und lächelt schief.

«Ich hatte keine?»

Meine Mutter schüttelt den Kopf. Sie schiebt die Schale mit den Plätzchen hin und her. «Du bekamst gleich die richtigen. Du hattest keine Milchzähne.»

René sieht mich an, als säße ich in einem Glaskäfig. Ausgestopft. In einem Museum. Er schaut an der Weihnachtspyramide vorbei, die sich viel zu schnell dreht. Kaspar, Melchior und Balthasar hasten am Jesuskind, seiner Mutter und seinem falschen Vater vorüber, als seien sie am Heiligabend noch unterwegs, die letzten Geschenke zu kaufen. Das Kamel des Dieners ist kaum beladen. Über dem Gottessohn fahren Schafe und Hirten im Kreis und im Kreis.

«Du hattest keine Milchzähne», wiederholt meine Mutter beharrlich.

Ich lege den Keks zurück zu seinen Brüdern und Schwestern. Falls es Brüder und Schwestern sind. Falls Kekse miteinander verwandt sind, meine ich. Meine Zunge wandert unruhig in meinem Mund umher. So ist das also, meine Zähne hatten keine Kindheit. Sie kamen gleich erwachsen auf die Welt.

René nimmt den Keks, den ich weggelegt habe. Als wäre er verpflichtet dazu. Als wäre er verpflichtet, meine Fingerabdrücke zu essen.

Vielleicht war es ein Fehler, ihn hierher zu bringen. Er kam mit Schnee in den Haaren, einem feuchten Gesicht, reichte meiner Mutter die krebsrote Hand und verbeugte sich leicht. Es ist schon Februar, aber meine Mutter holte die Pyramide und die Kerzen noch einmal aus dem Keller.

«Keine Milchzähne», murmle ich.

«Vielleicht mochtest du deshalb keine Milch», meint meine Mutter.

Einen Moment glaube ich, dass sie sich lustig macht. Über mich. Aber sie tunkt ihr Plätzchen lange in ihren Kaffee.

«Butter mag sie ja auch nicht», sagt René zu meiner Mutter. Sie tauschen einen Blick an mir vorbei.

«Warum sollte ich Butter mögen. Sie ist fett und schmeckt nach nichts.»

«Und Marmelade hasst sie», sagt René stolz wie Kolumbus.

Meine Mutter löffelt Gebäckbrei aus der Tasse. René beißt artig an dem Plätzchen herum. Es knackt in seinem Mund.

«Also aufgeweicht kann man sie essen», meint meine Mutter und tätschelt mir die Finger. «Fehlt ein bisschen Backpulver, was?» Sie sieht mich nicht an, während ihre Haut auf meiner Haut tanzt. Ich ziehe die Hand vom Tisch und lasse sie in meinen Schoß fallen.

«Selbst gebacken?», fragt René und nickt anerkennend.

Ich flüchte ins Bad und male mir die Lippen an. Schokoladenbraun. Schön hässlich. Meine Ohrringe sind rot wie Weihnachtsbaumkugeln. Lackiere die Fingernägel olivgrün. Meine Zähne sind Urzähne. Sie werden mich überleben. Im Sarg vor sich hin leuchten. Da bin ich mir sicher.

In meinem Zimmer stecke ich mir eine von Renés Zigaretten an. Er folgt mir nach zehn Sekunden. Wirft sich auf mein Bett, verschränkt die Arme hinter dem Kopf, sieht mich an. «Komm her, du Naturwunder», sagt er.

Ich setze mich auf ihn. Die Zigarette zwischen die Lippen geklemmt, knöpfe ich sein Hemd auf, bewege mich ein bisschen. Als der Ausdruck seiner Augen sich verändert, steige ich ab. Suche einen Aschenbecher.

Meine Mutter räumt im Zimmer nebenan den Tisch ab. Sie hat die Kerzen ausgepustet. Der heilige Duft liegt in der Luft.

«Komm schon», sagt René ungeduldig. «Komm her.»

Meine Mutter geht an der Tür vorbei zur Küche. Etwas fällt, ein Teller oder eine Tasse oder der Zuckernapf. Hoffentlich nicht der Zuckernapf.

Ich setze mich zu René, auf den Rand des Bettes. Seine Augen glänzen; seine Lippen sind feucht. Ich weiche seinem Kuss aus, und er landet irgendwo auf der Haut über meinem Wangenknochen. Ich unterdrücke den Impuls, ihm den Mund abzuwischen wie einem Baby. Ich mag Lippen auf mir nur, wenn sie warm und trocken sind und gierig. Die Haare auf seiner Brust sind kurz, ein schmaler, dünner Teppich zwischen seinen Brustwarzen. Meine Hand ist eine Spinne, die über seinen Körper tippelt. Ich sehe ihr zu. Sehe die Finger meiner Mutter die Spinne tätscheln. Sie hat Recht. Ich habe das Backpulver vergessen. Vor der Höhle zwischen dem Bund seiner Jeans und der nackten Haut hält das Tier inne.

«Ich bin in einem Schneesturm geboren», sage ich. «Sagt meine Mutter.»

«Du bist achtzehn», sagt René. «Du kannst ausziehen.»

«Ich weiß.»

«Du kannst zu mir ziehen.»

Er greift nach mir und schiebt die Spinne in seine Hose.

Es war nicht der Zuckernapf. Es war die Keksschale. Eine Schale aus Ton, die irgendwann einmal unbeholfen mit Blumen bemalt wurde. Die Stängel und Blätter sind zu dick für die dürren Blütenköpfe. Meinen Plätzchen ist nichts passiert. Meine Mutter hat sie auf einen Teller gestapelt. Ein schiefer, trauriger Turm.

«Die werden schon noch weich», sagt meine Mutter. «Nach ein paar Tagen …»

Die Schale ist in drei Teile zerbrochen.

René lässt mir einen Schlüssel für seine Wohnung da. «Du kannst … jederzeit … auch nachts …»

Vor allem nachts. Aber nicht Nacht für Nacht, mein Lieber. Ich drücke ihm meine schokoladenbraunen Lippen ins Gesicht.

«Vielleicht … also … wenn du willst …» René deutet mit zwei Fingern auf die geschlossene Wohnungstür, als wolle er uns den Weg freischießen.

«Gut zu wissen», sage ich, stemple noch einmal seine Wangen. Einmal rechts, einmal links. Motten, die zum Licht seiner Stirn torkeln. Er hält meinen Kopf fest, küsst mich auf den Mund. Seine Lippen sind trocken. Seine Zunge schmeckt nach Rauch. «Ruf mich an, wenn …» Er kniet vor mir nieder und bindet seine Turnschuhe zu. Ich sehe zu ihm hinab und überlege, den Schlüssel in meiner Faust, was ich sagen soll. Ich beuge mich zu ihm, küsse seinen bloßen Nacken.

Meine Mutter steht am Fenster und sieht hinaus. «Es schneit», sagt sie. «Wie damals. Heute vor achtzehn Jahren … Es gab diesen Schneesturm …»

«Ich weiß», sage ich. Mein Mund will gähnen, aber ich halte ihn geschlossen.

«Gehen wir ein Stück?» Sie sieht sich rasch nach mir um.

Ich nicke ergeben. Schließlich hat sie mich geboren. Ich bin ihr hin und wieder einen Gefallen schuldig.

Ich kann mir nicht vorstellen wie es ist, in einem Land ohne Meer zu leben.

Ich kann mir ja auch nicht vorstellen, ohne Luft zu leben oder ohne meinen Bauchnabel. Wohin geht man, wenn man kein Meer hat? Vielleicht müssen die Leute in der Schweiz oder in Österreich deshalb so viel wandern.

Vielleicht müssen sie auf die Berge steigen, weil sie keinen Punkt finden, an dem es nicht weitergeht.

Heute gibt es auch hier keinen Grund mit dem Laufen aufzuhören. Meine Mutter bleibt stehen, wie sie es gewohnt ist. Sie atmet tief, und ich ziehe meinen Arm sanft aus ihrer Umklammerung. Ich gehe noch ein paar Schritte und noch ein paar. Gehe über das gefrorene Meer. Es knackt unter mir wie Knochen. Die Möwen segeln durch das Schneegestöber und lachen über mich.

Meine Mutter steht am Ufer. Ich kann sie nicht sehen. Die Wolken verdecken den Mond. Sie schreit. Meinen Namen. Ihre Angst klingt schrill und unwirklich. Vielleicht hat sie vor achtzehn Jahren auch so geschrien. Als ihr die Tochter aus dem Leib glitt. Ich lausche auf das Knacken unter meinen Füßen, auf die Möwen über mir. Der Wind zerrt an meinem Körper, als wolle er mich hochheben wie ein Vater sein Kind, als wolle er mich zum Horizont tragen. Aber an diesem Tag hat das Meer kein Ende. Der Schnee wirbelt wie weiße Asche in mein Gesicht.

«Ich hab doch nur noch dich», sagt meine Mutter wütend. Sie hält mich fest und ihr Zittern schüttelt mich.

Meine Mutter hat mich. Ich kann sie nicht verlassen, nur weil ein Junge mir einen Schlüssel schenkt. Nur weil ein Junge meine steinharten Fingerabdrücke isst.

«Du wirst schon sehen», sagt meine Mutter. «Nach ein paar Tagen …»

«Was?»

«Deine Plätzchen … Butterweich …»

«Aber sie liegen nun schon einen Tag», sage ich, als gäbe es eine Verschwörung der Kekse gegen mich.

«Du wirst schon sehen», sagt meine Mutter. «Morgen oder übermorgen …»

Ich nicke und seufze, wie sie es zu erwarten scheint.

Meine Mutter will mich trösten, obwohl sie es ist, die traurig klingt.

Das Telefon schrillt.

Ich erinnere mich daran, dass ich als Kind noch weinte, wenn ich den Anlass schon vergessen hatte. Ich weinte darüber, dass ich weinen musste. Meiner Mutter gelang es nie, mich zu trösten. Ihre Versuche mich zu trösten, erinnerten mich stets daran, dass ich todunglücklich war.

«Wen wollen Sie sprechen?», frage ich. Der Mann am anderen Ende stammelt.

Ich verstehe ihn nicht. Versuche mich an die Stimme zu erinnern. Kenne ich die Stimme? Mir scheint …

«Also … Frau Schwarz oder Frau Ehrlich oder Frau …» Mir fällt der dritte Name meiner Mutter nicht ein. Und den ersten, den richtigen, habe ich auch noch nicht erwähnt.

«Oder Frau …»

Der Mann legt auf.

Meine Mutter schmiert Klebstoff auf die Bruchstellen der Schale. «Ein Freier?», fragt sie.

Ich zucke mit den Schultern. «Wenn, dann ein Namenloser.»

Meine Mutter spielt gern die Nutte. Aber sie verkauft nicht ihren Leib. Sie verkauft ihren Kopf. Die Freier sind Firmen, die ein paar hübsche Werbesprüche brauchen oder ein neues Logo oder ein Maskottchen mit Kulleraugen. Die Freier sind

Politiker verschiedener Parteien, denen ein Text fehlt für eine Rede oder einen Antrag oder einen Aufruf. Die Freier sind Bestattungsunternehmer, die auf die Schnelle einen Nachruf liefern oder eine Grabrede halten müssen, über Leute, die sie nie gesehen haben.

An unserem Briefkasten und im Hausflur vor unserer Wohnung hängen vier Namen, und alle Werbeblätter bekommen wir viermal, und die Zeugen Jehovas, die regelmäßig auf die vier Klingelknöpfe drücken, erkundigen sich beflissen nach dem Seelenheil ihrer lieben, törichten Mitmenschen und versuchen durch die Spalte zwischen Tür und Wand in unsere Wohnung zu spähen.

Einmal arbeitete meine Mutter für einen Regisseur, der einen Film über eine neue Käsesorte drehen sollte. Eigentlich war nur die Form und die Verpackung neu: der Käse war rund und das Wachs schwarz-weiß gemustert wie ein Fußball. «Der Käse zum Spiel, damit das Spiel nicht Käse wird …» Aber die Firma ging Pleite, und der Film wurde nie gesendet.

Der Mann ruft wieder an. «… ähem», sagt er.

«Wen möchten Sie sprechen?», frage ich.

Der Mann schweigt. Ich höre ihn atmen. Meine Mutter hebt ihre klebrigen Hände in die Höhe und schüttelt den Kopf.

«'s tut mir Leid», sage ich. «Frau Schwarz ist nicht da, und Frau Ehrlich … ist dienstlich unterwegs … und … Frau … *Wen* wollten Sie sprechen?»

Der Mann legt auf.

«Wie findest du ihn?», frage ich.

«Wen?» Meine Mutter presst die Teile der Schale zusammen.

«Nun, *ihn*. René.» Ich will es nicht wirklich wissen. Ich will es nur hinter mich bringen.

«Ja, nett. Er ist intelligent und hat Manieren. Er sieht gut aus … Er mag dich … Also, er ist nett, *wirklich.*»

Ich nicke schnell. «Okay. Musst du noch weg?» Wirklich nett. Seit meinem fünfzehnten Lebensjahr benutzt sie diese Worte. «Markus ist *wirklich* nett. Bastian ist ein *wirklich* netter Kerl. Norbert ist… wie soll ich sagen … *wirklich* nett.»

«Ist es was Ernstes?», fragt meine Mutter. «Also, ich meine, magst du ihn so richtig?»

«Na klar», antworte ich verblüfft.

«Frau Schwarz hat einen Termin. Wie spät ist es?»

Ich sage es ihr.

«Oh, würde es dir etwas ausmachen, die Schale zu halten? Einfach ein bisschen … drücken … bis alles getrocknet ist … Ich hänge an ihr, weißt du? Sie war ein Geschenk von … von deinem Onkel Ludwig. Also, ich meine das *einzige* Geschenk von meinem Bruder, verstehst du?»

Meine Mutter, als Frau Schwarz verkleidet, hat keinen Blick mehr für Onkel Ludwigs Scherbenpuzzle. Sie klappert auf hochhackigen Schuhen umher, trotz des Schneetreibens, das sie erwartet. Sie trägt das Frau-Schwarz-Kostüm: einen damenhaften Mantel in rostigem Orangeton. Sie schiebt sich eine Brille auf die Nase und gibt mir einen Kuss auf die Stirn. Ich rieche ihren Duft. Frau Schwarz bevorzugt ein dezentes Parfüm. «Auf Wiedersehen», sagt sie, und ihre Stimme klingt nicht wie die Stimme meiner Mutter.

Einen Moment ist mir danach, Frau Schwarz zurückzuhalten. Sie zu fragen, was *sie* von René hält. Aber Frau Schwarz ist, wie immer, in Eile. Und ich fürchte, sie kann sich an keinen René erinnern.

Die Tür schlägt zu, und ich lasse die Schale los. Einen Moment steht das Gefäß da, als wäre nichts passiert. Dann lösen sich die Scherben voneinander – albern langsam, wie in

Zeitlupe. Seidene Fäden halten sie noch zusammen, aber die Erdanziehungskraft ist stärker; es ist wirklich nicht meine Schuld, und Onkel Ludwig geht mich ohnehin nichts an. Die klebrigen Stränge reißen. Der Bruder meiner Mutter starb schon vor meiner Geburt. Zusammen mit seinen Eltern. Meine Mutter überlebte den Unfall. Die Schale sieht aus wie ein Ei, das bricht. Aber es schlüpft kein Küken. Die Scherben scheppern kaum. Und alles, was ich von Onkel Ludwig und den Großeltern kenne, sind Schwarz-Weiß-Fotos und Grabsteine, die schon so grün sind, dass man die Namen kaum noch lesen kann. Immerhin gibt es diesen Ort, ein Stückchen moosiges Land, unter dem die Särge liegen. Die Gebeine meines Onkels, die Skelette seiner Eltern. Hier die geborstenen Schädel, da die gebrochenen Rippen. Sie reichen sich unter der Erde die Hände, sagt meine Mutter.

Wenn ich meinen Vater besuchen will, springe ich in die Ostsee. Versuche, seine Asche herauszuschmecken aus all dem Wasser. Aber die Wellen sind schnell und hart, schlagen über meinem Kopf zusammen, und meist verschlucke ich mich. Ich schwimme zurück, laufe nass und nackt am Strand umher, ohne auf die Idee zu kommen, mich abzutrocknen. Springe erneut in die See, mit geöffnetem Mund. Die Asche schmeckt salzig.

Jetzt haben wir Winter. Die Möwen kreisen vor unserem Fenster und betteln um Brot.

Meine Mutter kommt nach Hause, hängt den Frau Schwarz-Mantel auf einen Bügel, stellt die Pumps in den Schuhschrank und setzt die Brille ab. Die Termine von Frau Schwarz dauern nie sehr lange. Und sie kann sich als einzige der drei Frauen von einem Moment zum nächsten zurückverwandeln. Frau Schwarz ist nur ein Faschingskostüm. Die anderen beiden sind schlimmer. Meine Mutter putzt die Brille, blinzelt zu mir herüber und lächelt zwei Sekunden ein mütterliches Lächeln. «'s gab drei Anrufe», teile ich ihr mit. «Einmal Herr Unbekannt Räusper Räusper, einmal für Frau Ehrlich und einmal für Frau … Frau Dingsda.» Meine Mutter nickt. Die Schrift auf dem Zettel, den ich ihr reiche, ist klein und fast unleserlich. Der dritte Name verläuft so schräg, dass er vom Papier rutschen wird. Direkt in die Hölle.

«Hast du einen Verehrer?», frage ich.

Meine Mutter wirft mir einen Blick zu, als hätte ich Vogel oder Knall gesagt und nicht Verehrer.

«Herr Unbekannt ist hartnäckig», verteidige ich mich.

«Ich fürchte, du musst mal wieder allein Abendbrot essen», sagt sie und seufzt. «Meine Zeit reicht nicht mal für einen Tee.» Sie zählt auf, welche Wurst, welchen Käse und wie viel Eier ich im Kühlschrank finden könne, bindet sich einen Pferdeschwanz, plaudert von einem Spielfilm, der am späten Abend im Fernsehen laufen wird. Der Regisseur ist ein Franzose, also redet sie von Paris, den Gassen, Galerien und Cafés, vom Louvre und dem Eiffelturm, von der Seine und den Brücken, von Edith Piaf und Victor Hugo. Soweit ich weiß, ist meine Mutter noch nie in Paris gewesen. Aber sie ist nicht mehr meine Mutter. Die meisten Freier sind von Frau Ehrlich entzückt. Von ihrer Art zu reden, von ihrer Art den Pferdeschwanz wippen zu lassen, von ihrem natürlichen Lachen und so weiter. Frau Ehrlich schminkt sich nur ein bisschen. Die Lippen leicht rosa, die Wangen leicht braun. Die Wimpern und Brauen lässt sie wie sie sind. Sie zieht sich die Lederjacke an und dazu Mütze, Handschuhe und Schal, bunt gestrickt, Marke Dritte-Welt-Laden. Vermutlich trifft sie den Freier in einem vegetarischen Restaurant. Vermutlich werden sie Champagner trinken, während sie über das Geschäftliche plaudern. Statt mit dem Auto wird sie mit dem Fahrrad fahren oder – wegen des Schnees – mit dem Bus, und irgendwann nach Mitternacht angetrunken und in einem Taxi zurückkehren.

Küsschen rechts, Küsschen links. Weg ist sie.

«René, wieso heißt du eigentlich René?», frage ich René.

Wir haben es uns auf der Couch meiner Mutter gemütlich gemacht, mit Cola und Wodka und einem Dosenöffner. Wir warten auf den französischen Film. Die Ansagerin bittet um unser Verständnis. Es hat ein Attentat auf einen Politiker gegeben. René stupst eine Wiener in den Senf, dann schiebt er sie mir in den Mund. Der Politiker liegt auf der Straße, in einer Blutlache. «Ein Haps für die Mama», sagt René. Der Politiker bewegt sich nicht. Menschen mit Kameras und Fotoapparaten laufen um ihn herum. René schaltet auf Fußball. Im Ostseestadion schneit es. Aus der Büchse schwappt Wurstwasser.

Die Spieler rutschen am Ball vorbei. Nach dem ersten Tor öffnen wir unsere Reißverschlüsse.

«Ist er tot?» Meine Mutter sitzt auf der Lehne des Sofas. Sie trägt noch den Pferdeschwanz. Sie ist noch Frau Ehrlich. Ich rapple mich auf und halte Ausschau nach René. Er liegt nackt auf dem Fußboden, die leere Wodkaflasche in der Hand; sein Hintern leuchtet wie der Mond. Der Fernseher flimmert ohne Ton.

Meine Mutter zupft Frau Ehrlich das Gummi aus dem Haar.

Der Politiker steht auf dem Balkon und winkt. Der Politiker hält eine Rede. Der Politiker schüttelt die Hand eines anderen Politikers. Der Politiker liegt in seinem Blut.

Meine Mutter sieht müde aus. Ich spüre ein Verlangen zu ihr zu gehen, sie zu umarmen, wie früher. Doch ich bin mir zu nackt. Meine Mutter schiebt sich von der Lehne. Sie stapft über den Aschenbecher, über unsere Hosen und Slips und Kondome wie ein Storch über die Wiese.

Ich versetze René einen Tritt in die Rippen. Ich will, dass er sich anzieht. Ich will, dass er geht. Er blinzelt überrascht, greift schweigend nach der Jeans, die ich ihm reiche. Wir suchen eine Weile nach einem seiner Strümpfe.

Als er vor mir kniet, blinzelt er noch immer. Ich hocke mich zu ihm, binde ihm die Turnschuhe zu. «Du wirst kalte Füße bekommen», sage ich zärtlich.

Einen Moment sinkt er gegen mich, wie ein Schneemann, der schmilzt.

Am Frühstückstisch begegnet mir Frau Sieger. Sie ist stark geschminkt und trägt eine Perücke. «Du kommst zu spät zur Schule oder?», fragt sie. In ihren Augen liegt ein Lauern. Von meiner Mutter ist nicht viel übrig Die blonden Locken verdecken Stirn und Schläfen. Die Mundwinkel um ihre grellroten Lippen sind zu einem Lächeln gedreht. Frau Sieger bekommt die meisten Anrufe, die meisten Termine. Ihre Klingel klingelt am schrillsten. Frau Sieger leistet sich zwei Büros: eines hier, eines in Berlin, mit Sekretärin. Die Freier, die das Büro in unserer Wohnung aufsuchen, tragen Anzüge und Schlipse und Aktenkoffer. Ihr Haar ist grau und dünn. Die Haut wirkt wie über die Knochen gezogen. Die Männer beeilen sich beim Sprechen; gestikulieren mit sauberen Händen; auf ihren Fingernägeln spiegelt sich das Licht, das in ihren Augen fehlt. Sie fragen nach dem Aschenbecher und wagen dann nicht zu rauchen. Sie lauschen Frau Sieger, schürzen die schmalen, farblosen Lippen, entzückt kindlich. Sie hören auf die Frau, die ihnen sagt, was sie tun müssen. Die Locken vor den Augen der Frau tanzen. Der Politiker ist einer ihrer Freier gewesen. Sie hat seine letzte Rede verfasst. Eine Rechtfertigungsrede. Sie hat ihm nichts genutzt. Schuld und Sühne und blablabla. Auf allen Kanälen lassen sie ihn noch einmal sprechen. Aber er öffnet nur den Mund. Die Worte gehören ihm nicht. Er ist nicht mehr dazu gekommen zu zahlen, schätze ich.

Frau Sieger lauert auf meinen Hass. Ich schaufle Cornflakes in meinen Mund. Beuge mich über die Schüssel. Alles, was ich sehen will, schwimmt in der Milch.

«Doch, doch, mein Fräulein», sagt Frau Sieger. «Du kommst wieder zu spät.»

Sie schlägt die Faust auf den Tisch. «Sag deinem Lehrer: mich braucht er nicht anrufen. *Mich nicht.*» Ihre Stimme klingt blechern, als käme sie aus einem drittklassigen Radio.

«Frau Sieger nicht», murmle ich. Ein Tropfen Milch rinnt über mein Kinn und platscht in die Schüssel. Eine Eintagsfliege ist am Ersaufen. Sie trudelt im Kreis gegen ihren Tod. Das Insekt wächst, wird riesengroß.

«Isst du heute mit der Nase?», fragt Frau Sieger. Sie läuft um den Tisch herum; ich höre es klappern. Ich höre die Scherben in ihren Händen knirschen. Onkel Ludwigs Erbe landet im Mülleimer. «Nun iss doch Kind, iss!»

Frau Sieger ist stärker als alle anderen. Sie hat meine Mutter gefressen. Ich muss tun, was sie sagt. Ich esse. Die Fliege krabbelt auf meiner Zunge.

Einmal wird ein Jäger kommen und Frau Sieger erschießen. Er wird ihr den Bauch aufschneiden und meine Mutter herausholen.

Das Telefon klingelt. Ich stehe auf ohne den Blick zu heben. Auf den Fliesen liegen die Kekse. Ich habe das Backpulver vergessen. Sie werden Tag für Tag härter. Sie lassen sich nicht einmal zertreten.

Ich nehme den Hörer in die Hand. Die Fliege krabbelt mir

in die Kehle. Ich huste. Huste. Der Mann sagt etwas. Ich huste, schleudere das Insekt aus mir heraus.

Der Mann sagt: «Ich möchte meine Tochter sprechen.»

«Welche Tochter?»

Die Fliege klebt an der Wand.

Unter meinen Füßen ist Eis. Neben mir läuft der Mann.

«Sind Sie der Jäger?», frage ich.

«Du kannst ruhig du sagen», sagt er.

Die Möwen sind dicht über unseren Köpfen. Ich werfe ihnen die Plätzchen in die Schnäbel. Die Möwen fliegen aufs Meer hinaus. Sie lassen die Kekse ins Wasser fallen. Die Dinger sinken sehr schnell. Der Boden des Meeres ist mit einer Schicht Asche bedeckt.

«Ich bin in einem Schneesturm geboren», erkläre ich dem Mann, der nichts begreift. «Das Land war deutsch, aber damals hieß es nicht Deutschland. Es hatte einen falschen Namen, und ich bekam keine Milchzähne. Mein Vater wollte über die Ostsee schwimmen. Meine Mutter hat seine Asche versenken lassen. Meine Zähne waren vor mir erwachsen.» Ich werfe ein Plätzchen in die Luft.

Der Mann lacht. Die Möwen lachen. Das Eis unter uns knirscht wie Knochen.

Der Schnee wirbelt wie Asche.

«Du warst sehr klein. Deine Mutter wollte nicht, dass du nach mir suchst.»

Der Mann legt seine kalten Finger auf meine kalten Wangen. «Die Ostsee war kalt wie heute. Ich bin durch den Tod getaucht. Auf der anderen Seite half mir ein Fischer in sein Boot. Du musst mich anhören, ja?»

«Ich muss einen Scheiß.» Aus meinem Mund kommt ein Wölkchen Asche.

Der Mann greift nach meinem Arm. «Und wenn ich es doch bin?»

«Der Jäger?» Einen Moment suche ich nach seinem Gewehr.

«Ich will dir etwas zeigen», sagt er. Er spricht sehr ruhig, sehr langsam. Unter uns kauert das Meer. Wir schlittern über das Eis, Arm in Arm.

Es ist zu kalt. Ich kann ihn nicht riechen. Der Stoff über seiner Haut ist zu dick. Ich kann ihn nicht fühlen.

Am Rande des Eises schaukelt ein Boot.

«Du darfst mit mir kommen, wenn du willst.»

Die Möwen kreischen vergnügt.

Es ist Nacht, als ich nach Hause zurückkehre. Mein Leib ist schwer geworden auf dem Eis. Nicht schwer genug. Unter der Dusche wird mein Körper wieder leicht. Ich ziehe ein Nachthemd an, das mir die Mutter gekauft hat, als ich zwölf war. Es spannt über der Brust; die Punkte auf dem weißen Stoff sind rot wie Blut. Meine Mutter schläft. Ich lege mich zu ihr, streichle das Haar auf dem Kopfkissen. Höre die Luft, die in sie hineinschlüpft und hinaus, die gemurmelten Wortfetzen. Der Mond zieht am Fenster vorbei wie ein Ballon. Meine Haut prickelt, meine Arme, meine Beine, mein Bauch, als würden die Poren sich schließen zum Winterschlaf. Ich rolle mich ein wie ein Tier. Meine Mutter seufzt, als sie mich umarmt. Ich taste nach ihrem Bauch. Er ist warm wie der Bauch einer Steinzeitfrau. Unsere Höhle ist unser Atem. Meiner riecht salzig.

Morgen werde ich ihr sagen, dass ich meinen Vater getroffen habe. Dass er noch immer auf dem Meer schaukelt. Im Kreis und im Kreis, wie die Hirten und Schafe über dem Gottessohn. Dass ich ihm nicht gefolgt bin.

Alles dreht sich. Die Erde, auf der wir liegen. Das Bett auf der Erde, auf der wir liegen. Der Mond um die Erde. Meine Mutter dreht sich um mich. Und ich mich um sie.

ASTA SCHEIB

Jelena oder Komm in die Nacktschneckendisco

An der Wand hinter dem Schreibtisch hängen drei Fotos von Jelena, meiner siebenjährigen Enkelin. Auf einem, das am Tag meiner Hochzeit gemacht wurde, aber darauf komme ich noch, auf diesem trägt sie einen üppigen Blütenkranz und ihre grauen Augen unter dem dunklen Haar sehen nachdenklich aus, fragend und scheu. Auf den beiden anderen ist sie mit ihrem Vater zu sehen, meinem ältesten Sohn, und obwohl die Bilder am gleichen Tag entstanden sind, zeigen sie eine andere Jelena, ein lachendes, übermütiges Kind, das unbeschwert in die Kamera schaut.

Und wie damals bei Jelenas Vater löst ihre Melancholie bei mir Ängste aus –: wird Jelena dem Leben gewachsen sein? Obwohl ich gelernt habe, dass meine Söhne sehr gut mit ihrem Dasein zurechtkommen, erlebe ich es bei Jelena wieder – überall sehe ich Gefahren für das geliebte Kind. Jelena lebt unter der Woche bei mir, ihrer Großmutter, die sie allerdings nicht so nennt. Auch nicht Oma, das wäre ja noch schöner, mein Name genügt ihr. Und trotzdem frage ich mich, was für eine Art Person ich denn bin für meine Enkelin. Wahrscheinlich hat sie noch nie darüber nachgedacht. Sie weiß, dass ich für sie da bin und immer da war. Das scheint ihr zu genügen. Morgens fahre ich sie mit dem Auto in die Schule und gestern sagte ich, dass sie in zehn Jahren selber Auto fahren könne und mich nicht mehr brauche. Sie überlegte kurz, dann sagte sie sachlich feststellend: Ich brauche dich auch noch, wenn ich alleine in die Schule fahren kann. Und ich frage mich, was das ist, das mich so tief berührt, dass ich mich schon nach Jelena sehne, wenn sie mit ihren Eltern beim Skifahren ist oder im Wochenende.

Jelena gibt mir die Zeit zurück. Die Zeit mit meinen Söhnen, denen sie in vielem gleicht, und die Zeit meiner Kindheit, die ich zum großen Teil bei den Großeltern verbrachte, da meine Mutter keine Zeit für mich hatte, weil sie die Familie ernähren musste, während mein Vater im Krieg beziehungsweise in Gefangenschaft war.

Wenn ich Jelena bade, wenn wir das dampfende Wasser einlassen, Jelena ihre Badeperlen einstreut, wenn sie unbefangen ihre Kleider von sich wirft und in die Wanne steigt, denke ich manchmal an die Badestube meiner Großmutter Marie, an die Holzscheite, die ich aus dem Schuppen holen musste, damit der dicke große Badeofen beheizt werden konnte. Eine Kostbarkeit waren die schweren Holzstücke, und baden, alleine baden, das gab es nur ganz selten. Wenn ich mich auszog, mahnte mich meine Großmutter mehrfach, nicht in den alten, beschlagenen Spiegel zu schauen, da sonst der Hoffart Tür und Tor geöffnet seien. Sie selber bemühte sich, meine Nacktheit zu übersehen, fuhr geschäftig im Bad herum, räumte, mahnte mich, zu genießen, was mir Gott beschieden. Ein Abreißkalender rüstete meine Großmutter täglich mit Sprüchen auf. Ich sah sie durch den Dampf, hörte sie reden oder auch nicht, plantschte hingegeben in meiner Kernseifenbrühe, denn nachher wartete auf mich das kratzige Leibchen und die Wollstrümpfe, die Marie für mich bereitlegte.

Einmal hatte sie das Verlangen, gleichfalls zu baden. Sie ließ mich, ins Handtuch eingehüllt, auf dem Badehocker

Platz nehmen, denn nachher würde sie mir noch die Nägel schneiden. Dann musste ich wegschauen, so lange sie sich entkleidete, ich sah erst entsetzt wieder hin, als meine stattliche Großmutter in der Wanne ausrutschte und mit einem donnernden Platscher unsanft landete, wobei das Wasser aus der Wanne bis zu mir herausschwappte. Kein schönrer Tod auf dieser Welt, als wer auf grüner Heide fällt, sagte meine Großmutter nach dem ersten Schreck, und dann begann sie, ihre beträchtlichen Gliedmaßen mit einer Bürste zu bearbeiten.

Das kleine Mädchen, das ich damals war, hatte viel Ähnlichkeit mit Jelena, aber nur äußerlich. Jelena weiß, woher die Kinder kommen und auch, wie sie dahinkommen wo sie herkommen. Wir reden unbefangen miteinander darüber. Jelena erklärte neulich bei Tisch, dass ihr Freund Julius in der Klasse immer Schwulius genannt werde und dass sie das doof fände, denn Schwule seien ja Männer, die es mit Männern machen, Julius täte das aber nicht.

Ich hörte als Kind manchmal, dieser oder jener Mann habe am 17. Mai Geburtstag (der heute nicht mehr geltende § 175), konnte mir darunter aber nichts vorstellen. Noch mit vierzehn glaubte ich, dass man vom Küssen irgendwie Kinder kriegt, und das hatte viel mit meiner Großmutter Marie zu tun, die gemeinsam mit meiner Mutter darüber wachte, dass ich ein «feines» Mädchen war und blieb.

Ein «feines» Mädchen hatte immer die Hände auf der Bettdecke, hielt sich von Doktorspielen fern und saß am liebsten bei Großmama auf dem Schemel und strickte. Es bekam gute Noten in der Schule, redete nur, wenn es gefragt wurde, und störte beim Gottesdienst nicht durch Kichern und Schwatzen.

Jelena überlegt sich gerade, ob sie getauft werden möchte,

wohl aber lieber nicht, weil ihre Freundin in der Steinerschule dann in Religion nicht mehr neben ihr sitzt. Noten bekommt sie überhaupt keine. Obwohl sie bereits ein halbes Jahr die Schule besucht, schreibt sie höchst eigenwillig, ihre Mappe ist eine merkwürdige Loseblattsammlung. Jelena fährt jedoch hervorragend Ski, schwimmt und schnorchelt zuverlässig, und sie hat immer das letzte Wort.

Ich beneide Jelena um ihre Kindheit und ich beneide sie um mich, ihre Großmutter. Wenn ich auch heute noch spüre, dass meine Großmutter Marie mich geliebt hat, das Beste für mich wollte, so war sie doch rigide in ihrer Forderung nach Gehorsam und Wohlverhalten. Herumträumen und Kritzeln, wie sie meine Lieblingsbeschäftigungen Nachdenken und Malen nannte, verbot sie mir. Ich sollte etwas Nützliches tun. Stricken. Im Haushalt helfen. Wegen ihrer in unserer Familie auffallenden Größe und Durchsetzungskraft wurde Marie «der General» genannt, dem man sich unterordnete – mehr oder weniger. Mein Großvater sowieso. Er verehrte Marie, die Ja zu ihm gesagt hatte, als seine Mutter, eine Müllersfrau, sich im Mühlenbach ertränkte und er offenbar keinen anderen Ausweg sah, als sich wieder einer Frau unterzuordnen. Und meine Mutter, ein kleines Zwillingskind, die sogar in uns Kindern Beschützerinstinkte weckte, liebte ihren nachgiebigen Vater abgöttisch, hatte in Wahrheit aber den Charakter des Generals, doch das lernte ich leider erst viel später. Die Zwillinge, Johannes und Margarethe geheißen, wurden natürlich Hänsel und Gretel gerufen. Es gibt ein Foto, das zeigt einen dicken, gemütlichen Hänsel und eine haardünne, liebliche Gretel, doch der Dicke starb an Scharlach und die Haarfeine überlebte. Das erzählte mir die Großmutter und ihr Kommentar war, dass der Herr es gegeben habe und der Herr habe es genommen.

Außer Johannes hatte meine Großmutter ein weiteres totes Kind zu betrauern, Elisabeth, ihre Erstgeborene, die auch als Kleinkind gestorben war. Ich weiß nicht, wie viel Kraft es meine Großmutter gekostet hat, von ihren toten Kindern so sachlich feststellend zu berichten. Über Gefühle sprach man nicht. Nie habe ich gesehen, dass Marie zärtlich zu ihrem Mann gewesen wäre. Sie sprachen über den Krieg, den die Großeltern schon zum zweiten Mal erlebt hatten, man beratschlagte sich, wie man Essen beschaffen könne und Honig für die viel zu dünne Enkelin.

Jeder für sich erzählten sie mir Geschichten, Märchen oder Erlebtes, und am Abend legten sie mich schlafen, beteten und sangen mit mir und verschwanden dann gemeinsam in ihrem Schlafzimmer mit den hochaufgetürmten Kissen und Plumeaus, und ich hatte keinerlei Phantasien, was sie da wohl tun könnten außer zu schlafen. Nur bei nächtlichem Gewitter standen sie auf, kleideten sich – und mich – komplett an und Großvater hielt eine Tasche mit allen Papieren bereit, falls der Blitz ins Haus einschlagen sollte. Sie hatten ihr Grab auf der Gostert schon gekauft, als die Kinder starben, und sie sprachen vom Tod völlig gelassen und meine Großmutter ließ sich von ihrem Mann in die Hand versprechen, dass der Leichenbestatter Abel sie abholen solle und nicht der Kölschbach, denn der würde ja die Leute im Sarg herumschubsen, das möchte sie denn doch nicht mit sich geschehen lassen.

Mein Großvater starb, als ich elf war, beim Tod meiner Großmutter war ich siebzehn. Während Großvater in einer Klinik starb, war meine Großmutter bei uns daheim. Klaglos ertrug sie ihre Schmerzen, sie wollte unbedingt noch etwas für mich tun. Und so umhäkelte sie Kopfkissenbezüge mit kunstvollen Mustern, ich habe sie heute noch.

In der Zeit, die zwischen ihrem Tod und heute vergangen

ist, hat sich unsere Welt radikal verändert, und uns Frauen hat diese Veränderung viele Vorteile gebracht. Ich denke, dass meine Großmutter Marie ihr Leben lang eingesperrt war und nicht herausfand aus den engen Grenzen, die ihr Politik und Kirche setzten. Heute bin ich ungefähr in ihrem damaligen Alter. Im Gegensatz zu Marie gehe ich meinem Traumberuf nach, bin dadurch unabhängig von meinem Mann, den ich geheiratet habe, weil ich dazu Lust hatte. In demselben Alter, in dem meine Großmutter über ihren Leichenbestatter nachdachte, begann ich mit meinem Mann, seinen beiden Kindern und meiner Enkelin mein Leben noch einmal neu zu entwerfen.

Wenn ich zwischen meiner Großmutter Marie und mir wenig Ähnlichkeiten finde, dann gleiche ich vielleicht Auguste, der Großmutter väterlicherseits?

Großmutter Auguste fuhr regelmäßig aus unserer Kleinstadt nach Köln, um sich die Haare färben und unanständige Kleider aus französischen Magazinen nähen zu lassen. Meine Großmutter Marie, die im Sommer oft in der Gartenlaube saß und Bohnen schnippelte, trug unter der Blümchenschürze Schwarz mit höchstens einem kleinen weißen Spitzenjabot auf dem Busen. Sie fand Haarefärben und Pariser Kleider unpassend, von hinten Lyzeum, von vorne Museum. Strafmildernd für Auguste galt immerhin, dass mein zweiter Großvater, der schöne Edmund, ausdauernd fremd ging, sodass man Augustes Bemühungen wenigstens im Ansatz mit Milde begegnen konnte.

Was Auguste und Marie trotz scheinbarer Widersprüche einte, war ihr Jahrgang. Sie waren beide sechzig, sie waren alt, sie zählten längst nicht mehr zu den begehrenswerten Frauen. Wollte Auguste sich frech, weil generationenübergreifend, das Erscheinungsbild der Dreißigjährigen aneignen, die dem schönen Edmund so gut gefielen? Oder wollte sie einfach nicht alt werden, es nicht wahrhaben, dass eine Sechzigjährige bestenfalls eine von der Familie geliebte Großmama war wie Marie, zum Bohnenschnippeln abgestellt in der Gartenlaube. Ich war damals elf, kannte Augustes Gedanken nicht, sehr wohl aber ihren Trotz, ihren Eigensinn, den Mutter unpassend fand, da Auguste sich mit uns Enkeln verbündete. Wurden wir in der Schule bestraft, stritt sie mit den Lehrern für uns. Einen ohrfeigte sie sogar, da er mich, ihre linkshändige Enkelin, so lange mit einer Gerte in die Hand schlug, bis ich die rechte Hand nehmen musste. Meine harmoniesüchtige Mutter fand die Ohrfeige für den Lehrer so schlimm, dass sie sich erstens bei ihm entschuldigte, mündlich und schriftlich, und dass sie Auguste strikt verbot, sich in unsere Erziehung einzumischen. Später war es aber doch wieder Auguste, die meiner Mutter heftig widersprach, die aus mir einen stromlinienförmigen Pettycoat-Teenager machen wollte, um ihn dann jungfräulich an einen attraktiven Akademiker weiterzureichen. Hört doch auf mit dem Unsinn, schrie Auguste, die Mädchen (meine Schwester und ich) können doch noch gar nicht wissen, was sie wirklich wollen, lasst sie doch erstmal leben!

Leben, das bedeutete damals für Auguste, dass ich nach Köln fahren durfte in OMAS SCHNAPSHAUS, zum Tanzbrunnen und zum Sechstagerennen. In unserer Kleinstadt, in der man die Fünfziger Jahre erfunden haben könnte, war Augustes Programm der helle Wahn, Versuchung pur für ein junges Mädchen. Großmutter Marie war denn auch, wie die übrige Familie, dringend dafür, mich zur Tugend und zum Verzicht anzuhalten, sonst würde ich noch enden wie Auguste.

Ich weiß nicht, ob Großmutter Marie es als Glück angesehen hat, lebenslang mit meinem Großvater Ewald verheiratet zu sein, der, beschädigt vom Ersten Weltkrieg, stundenlang am Fenster stand, hinaussah und ab und zu mit dem linken Bein zuckte. Das trug nicht unbedingt zu einem rauschenden Alltag bei, aber besser als Fremdgehen war es alle Mal. Großmama Marie jedenfalls lebte ausschließlich für ihre Kinder und Kindeskinder. Ich weiß noch sehr gut, dass sie oftmals auf rar gewordene Lebensmittel verzichtet, um sie uns Kindern zu geben. Die Fresswelle der Fünfziger Jahre ließ die früher dürre Marie anschwellen, sodass sie kurzatmig wurde – pustig, sagte Marie. Aerobic war noch nicht in der Welt, und die Keulengymnastik der NS-Frauenschaft hatte sie der Körperertüchtigung entfremdet.

Auguste dagegen hatte vor dem Krieg gemeinsam mit ihrem schönen Edmund eine ererbte Konditorei zum Blühen gebracht. Sie kümmerte sich um das Geschäft, fuhr den Opel, Edmund konzentrierte sich auf die jüngere weibliche Kundschaft. Dann kamen die Nazis, der Krieg, Edmund ging mit viel Geld verschütt, und als alles wieder einigermaßen aufgeräumt war, fand sich Auguste als verlassene Frau wieder, nicht gänzlich verarmt, aber doch des früheren Rahmens beraubt. Der Sohn mochte nicht aufbauen, was in Trümmern lag, und Auguste versuchte zu retten, was ihr geblieben war, sich selber. Bei der Hochzeit meiner älteren Schwester, die eigentlich nur im kleinsten Rahmen gefeiert werden sollte, bestand Auguste auf einem großen Fest. Sie bezahlte alles, erschien in einer opulenten braunen Spitzenrobe, wenigstens braun und nicht kanariengelb, sagte Großmama Marie anerkennend, und alle bestaunten die Schleppe, Wasserfall genannt. Danach habe ich nicht mehr erlebt, dass Auguste sich aufgelehnt hätte. Allerdings hörte ich bei meinen Besuchen zu Hause ständig Klagen über sie. Marie und die Tanten, am Heiligabend die zahlreichen Zutaten des rheinischen Kartoffelsalats schnippelnd, beklagten sich darüber, dass Auguste so gar nicht mithelfe. Offenbar ging sie also immer noch jeder den Großmüttern und Tanten damals zugewiesenen Arbeit aus dem Wege. Es hieß von ihr, dass sie vergnügungssüchtig sei, nach Köln fahre, zwar nicht mehr zum Haarefärben und unpassender Kleider wegen, aber sie fahre dauernd in die Oper und werweißnichtwohin. Kopfschüttelnd redete man darüber dass sie sogar das Schützenfest aufsuche und dort so lange ausharre, bis sie wisse was der letzte Besucher für einen Hut aufgehabt habe. Ihr Sohn jedenfalls genierte sich für seine Mutter, versuchte, sie zur Raison zu bringen. Er nannte sie Auguste, die Bestusste, und nicht mehr wie früher, halbwegs liebevoll, Auguste die Bewusste. Da reiste sie, ihr letztes Geld durchzubringen, in die Staaten. Erst zum Sterben kam sie zu uns zurück. Offenbar wollte sie dem Alltag, den die Fünfziger Jahre für Großmütter bereithielten, entgehen.

Und ich? Heute? Bin ich Marie? Oder Auguste? Oder wie die Sechzigjährigen unserer Tage, die viel zu jung sind, um alt zu sein, wie es in einem Buch der Psychoanalytikerin Eva Jaeggi heißt. Zwar sehen meine Altersgenossinnen nicht alle so aus wie die Vorzeigesechzigerinnen Tina Turner oder Sophia Loren – aber mit ihren Großmüttern haben sie nicht viel gemeinsam, denke ich. Jedenfalls habe ich keine Zeit, in der Laube, die ich ebenfalls nicht habe, Bohnen zu schnippeln wie Marie. Näher ist mir Auguste, zumindest was das Haarefärben und die Vorliebe für generationenübergreifende Klamotten angeht.

Wenn ich mir einen normalen Alltag vorstelle, hätte ich oftmals gerne eine Großmutter, die ähnlich wie Marie selbstlos für meine Familie und mich leben würde. In aller Regel rast der Vormittag vorbei mit der immer mehr Zeit verschlingenden Morgentoilette, dem Frühstück, der Zeitungslektüre und nötigen Besorgungen. Unversehens ist es 12.30 Uhr, und ich muss losrennen, meine drei kleinen Schulkinder abzuholen. Konrad geht in die dritte Klasse, Gertrud in die zweite und Jelena in die erste, und sie sollen noch nicht alleine den Schulweg machen, weil sie zwei Ampeln zu bewältigen haben und wir es ihnen nicht zutrauen. Also abholen, aber schnell, Kinder warten nicht gern, und ich wäre auch längst losgetrabt, hätte meine Schwiegertochter nicht meinen großen Enkel Mauritz samt Hund bei mir abgestellt, weil sie was Dringendes zu erledigen hat, und wäre nicht Cosima da, eine anderthalbjährige Schönheit, deren Eltern ebenfalls etwas Dringendes zu erledigen haben. Cosima kann noch nicht so recht laufen, eine Kinderkarre haben wir nicht mehr, und der Hund wird mit mir losrennen wie verrückt.

Mauritz entschließt sich höchst ungern, die winzige Cosima zu beaufsichtigen, es hilft aber nichts. Ich muss die Kinder abholen. Der Hund und ich rennen los, ich denke flüchtig an meinen letzten Sturz auf dem Weg zur Aerobic, ermahne mich zur Vorsicht, mein siebter Halswirbel ist auch nicht mehr was er einmal war, solides Schreiten wäre besser als Rennen, ich glaube, die Leute schauen schon komisch, aber der dicke Hund zieht gnadenlos, und ich beginne zu verstehen, dass Jelena immer sagt, dass sie lieber ein Pferd hätte als so einen blöden – aber da sind wir an der Schule, Konrad und Gertrud erzählen mir gleichzeitig, dass der Lorenz in der Pause wieder geboxt hat, dass die Trinkflasche rinnt und Gertrud so viel aufhat aus Ungerechtigkeit. Jelena erscheint in einer viel zu kleinen, viel zu dünnen Jeansjacke aus dem Schulfundus, ihre eigene wurde anscheinend geklaut. Zurück geht es unter ständigen Bitten und Ermahnungen, doch nicht mit dem Hund herumzutoben, sondern rasch heimwärts zu streben, wo die kleine Cosima wahrscheinlich emotional darben muss. Sie ist aber ganz munter, freut sich über drei weitere Kinder und den wolligen Hund, ich habe Mühe, die Gesellschaft um den Tisch zu kriegen, Brokkolisuppe gibt es, püriert, weil meine Kinder und Enkel lieber etwas essen, von dem sie die Bestandteile nicht sehen …

Jetzt würde ich gerne eine Stunde am Schreibtisch sitzen, Post erledigen, vielleicht auch den einen oder anderen Gedanken aufschreiben, aber das geht nicht, die Kinder haben als Überraschung neben ihren Tellern Flummibälle gefunden, das sind so Dinger, die klein sind und bunt, aber große Hupfer machen und ständig in allen Ecken verschwinden. Jetzt darf ich dauernd Streit schlichten, weil immer jemandem sein Flummi abgeht und er ganz sicher ist, dass der Flummi vom anderen der seine ist …

Selber schuld, wieso kaufe ich denen auch Flummis. Wieso sitze ich nicht allein in einem gepflegten Reihenhaus, widme mich dem Garten und lerne in der Volkshochschule endlich anständig Französisch. Selber schuld auch, wenn mein Sohn mit zwanzig Vater wird, wenn ich im fortgerückten Alter einen um vieles jüngeren Mann heirate, was einige Freundinnen mit hoher Kopfstimme fragen lässt, ob ich nicht Angst habe, wegen einer Jüngeren verlassen zu werden, und dann noch diese drei kleinen Kinder … Damit sind Jelena und meine Stiefkinder gemeint, die bei uns leben und witzige, ins Leben verliebte und daher anstrengende Kinder geworden sind. Nun sitze ich bei Schulveranstaltungen zwischen anderen Eltern, die meine Söhne und Töchter sein könnten. Sie erleben das Abenteuer Kind zum ersten Mal, im Bewusstsein ihrer Bedeutung, eine Rarität großzuziehen. Wir hatten in den Sechzigern unsere liebe Not, uns gegen autoritäre Ärzte und wildgewordene Schul-Psychologen durchzusetzen. In deren Augen waren Eltern an allem schuld. Und Mütter sowieso. Und Großmütter – das sind die, die ihre Enkel mit eimerweise Süßem verschlacken.

Meine Mutter tat das wirklich. Sie war trotz ihres filigranen Äußeren von gnadenlosem Eigensinn, fasste den grausamen Beschluss, meinen geliebten Vater durch ihre Jugendliebe, einen wahren Finsterling, zu ersetzen, doch im Alter wurde sie mürbe, trug plötzlich Birkenstockschuhe und hielt für meine Söhne, die sie abgöttisch liebte, alles parat, was die sich nur wünschen konnten. Meine Gefühle für sie sind höchst komplex, vielleicht verdränge ich oftmals Gedanken an sie, jedenfalls taucht meine Großmutter Marie am häufigsten in meinen Träumen und Gedanken auf.

Habe ich nicht doch einige Ähnlichkeit mit ihr? Es sieht so aus, als würde ich den Jungen selbstlos beistehen in ihrem Alltag, weil ich immer bereit bin, Kinder und Hunde in Pension zu nehmen. In Wahrheit bin aber ich es, die sie alle braucht – wahrscheinlich will ich mittels meines chaotischen Kinder- und Hundealltags die Angst vor dem Altwerden verdrängen. Vielleicht erging es Marie ebenso. Die Familie muss auch herhalten für meine Opus-Maximum-Phantasien. Welch großes Werk hätte ich schreiben können, wenn nicht Söhne, Schwiegertöchter, Enkelin und Enkel, Ehemänner, Stiefkinder, Patenkinder und große, wollige Hunde mich lebenslang daran gehindert hätten.

Das hier nur in aller Eile, denn der Hund jagt gerade die Katzen der Nachbarn, er wirft Schlamm in den Flur, den er aus unserem kleinen Gartenteich baggert und beim Reinkommen von sich schüttelt. Konrad und Gertrud, die Schularbeiten machen sollten, lassen sich gern stören von der süßen Cosima, die sie so schön erziehen und frisieren können und mit Schokolade füttern. Cosima mit Schokomund – doch ehe die

Eltern kommen, werde ich ihn ihr abwaschen, damit sie mir Cosima das nächste Mal wieder anvertrauen. Jelena, die ihre Aufgaben gewohnt sorglos erledigt hat, Jelena, die alle Tiere liebt, ob nützlich oder schädlich, kommt aus dem Garten, hat Nacktschnecken gesammelt und berichtet aufgeregt, dass am Teich eine sooo große Libelle säße. Kommst du mit, fragt Jelena, kommst du mit mir in die Nacktschneckendisco, auf die Libellenparty? Klar, sage ich, ich muss nur noch rasch mein Doppelkinn absaugen, die Labialfalten unterlegen und die Mundpartie lasern lassen – dann kann es losgehen.

Und ich frage mich, ob Marie, die sich dem Lebensmuster ihrer Zeit so willig anpasste, ob sie heute Diät halten oder den Schönheitschirurgen konsultieren würde. Auguste, dessen bin ich sicher, wäre längst runderneuert.

Und Jelena? Welches Schönheitsideal, welches Lebensmodell wird für sie entworfen? In den nächsten zehn Jahren, wenn sie zur jungen Frau heranwächst, wird sich die Welt wieder stark verändern. Ich wünsche ihr, dass sie ihr Leben selber gestaltet, ihm eine Bedeutung gibt. Dass sie sich die Nachdenklichkeit erhält und das Strahlende, Unbekümmerte. Und mir wünsche ich, dass sie mich noch braucht, auch wenn sie schon selber den Führerschein hat.

FAY WELDON

Wochenende

Um halb acht waren sie zum Aufbruch bereit. Martha hatte alles ins Auto geladen, die drei Kinder angemessen gekleidet auf dem Rücksitz aufgereiht und mit Lernspielzeug und Vollkornkeksen ausgestattet. Sobald alle im Auto bereit waren, würde Martin den Fernseher ausschalten, die Treppe herunterkommen, das Haus verschließen, von vorn wie hinten, und sich hinters Steuer setzen.

Wochenende! Freitagabends nur eine zweistündige Fahrt zum Ferienhaus; sonntagabends drei Stunden zurück. Die Freude am Grünen und zwischendurch Gäste. Sie konnten sich glücklich preisen, so glücklich!

Freitags kam Martha mit dem Bus um zwölf nach sechs heim und machte Tee und belegte Brote für die Familie. Dann zog sie vier Betten ab und steckte Bezüge, Laken und die Quilt-Überdecken für Montag in die Waschmaschine, nahm das Bettzeug fürs Ferienhaus aus dem Korb, dazu die Bücher und die Spiele und auch die Lebensmittel fürs Wochenende – in Abständen im Laufe der Woche eingekauft, um nicht zu viel auf einmal schleppen zu müssen – sowie ihre Arbeitsmappe aus dem Büro und Martins Zeichenmaterial (sie war Marktforscherin in einer Werbeagentur, er freiberuflicher Designer) und obendrein Haarbürsten, Jeans, T-Shirts zum Wechseln, Jolyons Antibiotika (er litt unter Halsschmerzen), Jennys Blockflöte, Jaspers Kassettenrecorder und so weiter – ach je, das Undsoweiter! –, und verstaute all das geschickt und schnell im Kofferraum. Während der Woche durften nur wenige Dinge im Ferienhaus bleiben. («Die reine Einladung an alle Einbrecher» – Martin.) Dann lief Martha durchs Haus, räumte und wischte, machte dies und das, stöberte die Katze bei dem einen Nachbarn auf und lieferte sie bei einem anderen ab, während der Rest der Familie beim Nachmittagstee saß. Gewöhnlich, und darauf war sie stolz, war sie mit allem fertig, sobald die anderen gegessen hatten. Martin gönnte sich noch die Nachrichten auf BBC 2, während Martha den Tisch abräumte und die Kinder die besten Plätze im Auto auslosten.

«Martha», sagte Martin an diesem Abend, «du solltest Mrs. Hodder anhalten, mehr zu tun. Sie lässt dich ja alles machen.»

Mrs. Hodder kam zweimal die Woche zum Putzen. Sie war über siebzig und nahm zwei Pfund die Stunde. Martha bezahlte sie von ihrem Lohn: sich um den Haushalt zu kümmern war schließlich ihre Aufgabe. Wenn Martha unbedingt arbeiten wollte – was ihr gutes Recht war, das gab Martin gerne zu, auch wenn es für die Kinder nicht das Beste war, aber das musste Martha mit ihrem eigenen Gewissen ausmachen – dann sollte Martha eben auch ihre Haushaltshilfe bezahlen. Eine auf der Hand liegende Wahrheit, die laut und deutlich und häufig von Martins Lippen kam und Martha auf dem Herzen lag.

«Ich denke, du hast Recht», sagte Martha. Sie wollte nicht streiten. Martin hatte eine lange, harte Woche hinter sich, und jetzt musste er fahren. Martha durfte nicht. Ihr war vor vier Monaten der Führerschein wegen Alkohol am Steuer entzogen worden. Alle waren sich einig, dass der Führerscheinentzug ungerecht war: Martha trank nur selten übermäßig. Sie war nämlich gewöhnlich zu sehr damit beschäftigt, anderen Leuten etwas einzuschenken oder die Gläser anderer Leute abzuwaschen, als dass sie sich selbst hätte groß abfüllen können. Aber Martin hatte sie an ihrem Geburtstag zum Abendessen ausgeführt, wie es seine Gewohnheit war, und Erschöpfung, gemischt mit Aufgeregtheit, hatte sie unvernünftig werden und, bevor sie wusste, wo sie war und warum sie dort war, auf der Anklagebank landen lassen. Bezahlt hatte sie mit den Kosten für einen verbogenen Laternenpfahl und eine neue Kühlerhaube sowie mit sechsmonatigem Führerscheinentzug.

Jetzt musste Martin also ihren Wagen zum Ferienhaus fahren, und freitags war er stets müde, sonntags erhitzt und schläfrig, und bei jedem Klappern, Rasseln und Rütteln des Motors hatte sie das Gefühl, es sei irgendwie ihre Schuld.

Martin besaß einen kleinen Sportwagen für London und die Fahrt zur Arbeit: Damit konnte er sich zügig durch den Verkehr schlängeln. Marthas Auto war ein alter Kombi mit Platz für die Kinder, Picknickkörbe, Bettzeug, Lebensmittel, Spiele, Pflanzen, Getränke, den tragbaren Fernseher und die sonstigen für ein bürgerliches Wochenende auf dem Lande benötigten Dinge. Es zockelte eher, als dass es abzischte, und machte Martin ärgerlich. Er ließ selten ein barsches Wort hören, aber Martha konnte wie jede Ehefrau seine Laune eher an dem ablesen, was er nicht sagte, als an dem, was er sagte, sowie an der Neigung seines Kopfs und der Art, wie seine verkniffenen und verschmitzten Augen noch verkniffener und verschmitzter wirkten – und natürlich an der Art, wie er Marthas Wagen ansprach.

«Na komm schon, du alte Klapperkiste! Ist das alles? Du bist zu alt, das ist dein Problem. Hör auf, dich zu beklagen. Dies ständige Murren, es ist doch nur ein Hügel. Du hast einfach zu breite Hüften. Du kommst da nie durch.»

Martha sorgte sich wegen ihres Alters, ihrer Neigung, sich zu beklagen, und der Breite ihrer Hüften. Sie nahm seine Bemerkungen persönlich. Hatte sie damit Recht? Die Kinder bemerkten nichts: Es war nur der ulkige, gut gelaunte, lachende Daddy, der seine Witze über Mummys Auto machte. Mummy, wegen Alkohol am Steuer rangekriegt. Mummy mit dem Keim von Trübsinn irgendwo tief unter dem rührigen, geschäftigen Alltagsauftreten. Geschäftig, ach, wie geschäftig!

Martin würde nur lachen, wenn sie etwas dazu sagte, wie er mit ihrem Wagen sprach, und sie vor Paranoia warnen. «Werd bloß nicht wie deine Mutter, Darling.» Marthas Mutter hatte sich kurz vor ihrem Ende eingebildet, dass die Leute sich gegen sie verschworen. Marthas Mutter hatte abgeschieden und voller Argwohn gelebt, und sie hatte Marthas Kindheit zu einem frostigen und einsamen Lebensabschnitt gemacht. Im Vergleich dazu war Marthas Leben jetzt wundervoll. Menschen, Kinder, Häuser, Unterhaltungen, Mahlzeiten, Drinks, Theaterbesuche – und nun sogar eine berufliche Karriere. Martin stand zwischen ihr und der Feindseligkeit der Welt – der allseits beliebte, umgängliche, witzige Martin, der den Rest der Welt in Hörweite lockte.

Ach, sie war dankbar: die kleine, so ernsthafte Martha mit ihrer schüchternen Art und ihrem Hang, langweilige Prüfungen zu bestehen – wie ihr Leben erblüht war! Obendrein drei Kinder – Jasper, Jenny und Jolyon –, alle mit Martins breiter Stirn und seinem offenen Gesicht, mit dem Selbstbewusstsein, das aus ihrer Liebe und Fürsorge erwachsen war, und der Arbeit, die sie sich seit ihren ersten Lebenstagen mit ihnen gemacht hatte.

Martin fährt. Martha döst, ausnahmsweise einmal.

Die richtige Ernährung, die richtigen Wörter, die richtigen Spiele. HNO-Ärzte für die Mandeln; Zahnärzte für die Backenzähne. Waffen werden konfisziert, das Fernsehen wird zensiert, die Kreativität gefördert. Farben und Papier werden ihnen in die Hand gegeben; Bücher auf den Regalen; Unterredungen mit den Lehrern. Musiklehrer. Tanzunterricht. Partys. Freunde zum Tee. Schulaufführungen. Tage der offenen Tür. Jugendorchester.

Martha schrickt auf. Eine Verkehrsampel. Martin mag es nicht, wenn Martha schläft, während er fährt.

Kleidung. Ach, Kleidung! Die kannst du nicht tragen, das musst du tragen. Textilgeschäfte. Kleidungsstapel in den Ecken: pflichtgemäß gewaschen, aber jetzt harren sie darauf, gebügelt und eingeräumt zu werden.

Die Stapel müssen vom Fußboden in die Wäschekörbe. Martin mag keine Unordnung.

Kreativität erwächst aus Ordnung, nicht aus Chaos. Fünf Jahre aus dem Beruf heraus, solange die Kinder klein waren. Dann wieder zurück, in untergeordneter Position. Was, hast du etwa gedacht, es gibt etwas umsonst?

Wenn du Kinder hast, Mutter, sind die dein Lohn. In der Welt liegt er jedenfalls nicht.

Hast du genügend Lebensmittel mitgenommen? Immer schwer abzuschätzen.

Lebensmittel. Ach, Lebensmittel. Einkaufen in den Mittagspausen. Alles nach Hause schleppen. Mittwochabends für die Tiefkühltruhe kochen, wenn Martin bei seinem Abendkurs für Autowartung ist und ihm nicht auffällt, dass du keine Ruhe findest. Martin mag es, wenn du dich abends in den Sessel setzt. Obst, Fleisch, Gemüse, Mehl für selbst gebackenes Brot. Na ja, Brot aus dem Laden ist voller Schadstoffe. Eingefrorene Lebensmittel, selbst die eigenen, verlieren ihren Geschmack. Darauf weist Martin oft hin. Gewürze. Alle lieben Mango Chutney. Aber die Ausgaben!

London Airport links. Seht doch, Kinder, seht doch! Eine Concorde? Nein, Dummkopf, das ist doch keine Concorde.

Ach, alles für alle zu sein: für die Kinder, den Ehemann,

den Arbeitgeber, die Freunde! Es ist zu schaffen. Ja, das ist es: Superfrau.

Getränke. Selbstgemachter Wein. Warum nicht? Holunderbeeren gab es in Hülle und Fülle in London; und zumindest weiß man dann, was drin ist. Lager ihn in hohen Schränken, viel Platz, die Trittleiter auf und ab. Vorsicht! Nicht ausrutschen. Zerbrich nur nichts.

So was wie Unfälle gibt es nicht. Unfälle sind wie Freud'sche Versprecher: Sie sind mutwillige, übellaunige Ereignisse.

Martin kann Übellaunigkeit nicht ausstehen. Martin mag schlanke Frauen. Diät. Martin findet Gefallen an seiner Sekretärin. Diät. Martin bewundert schlanke Beine und einen großen Busen. Wie soll man beides schaffen? Unmöglich. Doch versuch es, ja, versuch es, versuch zu sein, was du sein solltest, nicht, was du bist. Innerlich wie äußerlich.

Martin bringt ihr Blumen mit und Konfekt. Entführt Martha in den Wochenendurlaub. Wundervoll! Der beste Ehemann der Welt: Sieh ihm nur in die verschmitzten, fröhlichen, sanftmütigen Augen. Da erkennst du es. Gut, der Mund verzieht sich zu einer Art Schmollen. Gar nicht beachten. Sieh in die Augen. Liebe. Es muss Liebe sein. Du hast ihn geheiratet. *Du.* Und ganz sicher verdienst *du* doch wahre Liebe?

Salisbury Plain. Stonehenge. Seht doch, Kinder, seht doch! Mutter, wir haben Stonehenge schon hundertmal gesehen. Schlaf weiter.

Kochen. Ach, Kochen. Die Leute lieben Martins und Marthas Einladungen zum Essen. Mach die Planung während der Mittagspause. Wenn du um zwölf nach sechs heimkommst, kannst du das Fleisch anbraten, während du das Eiweiß schlägst, während du die Katze fütterst, während du den Tisch deckst, während du die Bohnen putzt, während du den Käse zurecht stellst, Ziegenkäse, Martin liebt Ziegenkäse, Martha versucht, Ziegenkäse zu mögen – ach, Bett, Schlaf, Frieden, Ruhe.

Sex. Ach, Sex! Orgasmus, bitte. Martin braucht ihn. Nun, du ja auch. Und du willst nicht, dass seine Sekretärin eine Leidenschaft bietet, die zu entwickeln du vernachlässigt hast. Oder? Schnell, schnell, die kosmische Vereinigung. Liebe. Eheliche Liebe.

Die Sekretärin! Wahrscheinlich ein geschmackloser Verdacht. Mehr nicht. Wahrscheinlich ein Anfall von Paranoia, so wie bei Mutter, inzwischen tot und verblichen.

In Frieden ruhend.

R.I.P.

Frostige, einsame Mutter, die ihrem Argwohn folgte, wohin er sie führte.

Gleich da, Kinder. Gleich im Paradies, gleich im Wochenendhaus. Nehmt noch einen Keks.

Echte Rosen am Eingang.

Rosen. Beschneiden, Unkraut jäten, besprühen, düngen, pflücken. Vorsicht vor den Dornen. Einer der seltenen Ausbrüche von Martin.

«Martha, unmöglich, dass du keine Rosen möchtest! Mit was für einer Frau bin ich verheiratet? Mit einer Rosen-Phobikerin?»

Grünes Gras. Ach Gott, Gras. Gras muss gemäht werden. Friedlicher Rasen, Gänseblümchen, die ihre Köpfe schütteln, Butterblumen, die leuchten. Rosen und Gras und Bücher. Bücher.

Bitte, Martin, müssen wir unbedingt die zweihundert Bücher haben, größtenteils Erstausgaben aus den zwanziger Jahren und von dir an einem deiner freien Nachmittage bei einer Buchversteigerung von Christie's gekauft? Bücher müssen doch abgestaubt werden.

Dröhnendes Gelächter von Martin, Jasper, Jenny und Jolyon. Mami sagt, wir sollten die Bücher nicht haben. Bücher müssen abgestaubt werden!

Rosen, grünes Gras, Bücher und Frieden.

Martha schreckte aus dem Schlaf, als sie zum Wochenendhaus kamen, und stieß einen spitzen Schrei aus, der sie alle zum Lachen brachte. Mamis Aufwachschrei nannten sie es.

Jetzt hieß es, den Wagen ausladen und die Betten machen und den Strom anschalten und das Abendessen bereiten und die Spinnweben beseitigen, während Martin sich um das Feuer kümmerte. Dann das Abendessen – Koteletts in süßsaurer Soße («Schweinefleisch ist so fade, wenn man es nicht richtig zubereitet» – Martin), grüner Salat aus dem Garten, zumindest so viel grüner Salat, wie die Kaninchen übrig gelassen hatten. («Martha, hattest du den Salat auch vernünftig abgedeckt? Sei jetzt bitte ehrlich!» – Martin) Und Bratkartoffeln. Kartoffelbrei ist so schwer verdaulich und ordinär, und Püree aus der Tüte kommt gar nicht in Frage. Die Kinder studierten den Himmel mit Hilfe ihrer Sternenkarte. Wundervolle Kinder, für die man nur dankbar sein konnte.

Dann den Abendbrottisch abräumen; den Brotteig machen und gehen lassen; Martin schon im Bett: erschöpft vom Fahren und Feuermachen. («Martha, wir sollten wirklich die Scheite vernünftig stapeln. Lass doch die Kinder das machen, bitte.» – Martin) Fegen und aufräumen; die Fernsehantenne ausrichten. Jaspers Jeans umnähen, wo er den Saum losgetreten hat. («*So* kann er wirklich nicht rumlaufen, Martha. Nicht mal Jasper» – Martin.)

Mitternacht. Gute Nacht. Die Wochenendgäste kommen morgens. Sieben zum Lunch und zum Abendessen am Sonnabend. Am Sonntag sieben zum Frühstück und neun zum Lunch. («Reg dich nicht auf, Darling. Du machst immer so viel Wirbel.» – Martin) Ach Gott, die Knoblauchpresse vergessen. Das heißt zehn Minuten mit dem Löffelrücken und Salz. Wer möchte schon Knoblauch in Klumpen? Niemand. Bestimmt nicht Martins Gäste. Hat Martin gesagt. Schlaf.

Colin und Katie. Colin ist Martins ältester Freund. Katie ist seine neue, junge Ehefrau. Janet, Colins andere, frühere Ehefrau, war Marthas Freundin. Janet war Martha recht ähnlich, ruhiger und schwerfälliger als ihr Mann. Träge und eine Nervensäge, fand Martin, und sagte das auch, und natürlich ließ sie sich gehen, worüber sich alle einig waren. Niemand sah Colin so recht nach, dass er ihr den Laufpass gegeben hatte, aber warum er es getan hatte, war augenfällig.

Katie gegen Janet.

Katie war lässig, schön und elegant. Sie sprach ein wenig schleppend. Ihre Hände waren ausdrucksvoll, ihre Füße klein und weiblich. Sie hatte keine Kinder.

Janet stapfte auf sehr platten, ziemlich großen Füßen einher. Irgendwas stimmte mit ihnen nicht. Sie drehte sie beim Gehen ein wenig nach außen. Sie hatte zwei Kinder. Sie war, rundheraus gesagt, langweilig. Aber Martha mochte sie: Wenn Janet ins Ferienhaus kam, half sie immer beim Geschirrspülen. Nicht auf die Art, wie die meisten Gäste abwuschen – als reine Pflichtübung, nach der sie alles auf dem Abtropfbrett aufreihten. Nein, sie trocknete auch ab und räumte die Sachen weg. Und Janet putzte das Bad und sorgte dafür, dass alle Kinder sich setzten, jedes auf seinem Stuhl, selbst die kleinsten, dass sie still und zufrieden waren, sodass die Erwachsenen – nun ja, die Männer – sich weiter unterhalten, ihre Witze machen und in ihrer Liebe zu Wochenenden auf dem Lande schwelgen konnten, während Janet ins Leere blickte, als sei sie dankbar für die Ruhe und ganz glücklich.

Janet half auch bei der Gartenarbeit. Befreite die Erdbeeren von Unkraut, während die Männer ihren Spaziergang machten. Stand mit beiden Füßen plump und fest da und trat manchmal auch eine Pflanze platt oder so, aber das machte doch nichts, nein, das machte nichts. Die wundervolle Janet, die auf gleicher Wellenlänge war.

Jetzt war Janet fort, und Katie war da.

Katie unterhielt sich mit den Männern und ging mit den Männern spazieren und rückte ihren Aschenbecher reichlich ungeduldig beiseite, wenn Martha versuchte, die Gläser rundherum wegzuräumen.

Geschirrspülen war langweilig, deutete Katie durch ihr Verhalten an, und Häuslichkeit war auch langweilig, und jeder, der sich mit dergleichen abgab, war blöde. Wie Martha. Asche sollte bleiben dürfen, wo sie sich befand, auch wenn es auf der Butter war, und Gespräche sollten niemals unterbrochen werden.

Klopf, klopf. Katie und Colin trafen um viertel nach eins am Sonnabendmorgen ein, als Martha gerade schlafen gegangen war. «Ihr seid doch nicht böse? Es war der Mondschein. Wir konnten einfach nicht widerstehen. Du hättest Stonehenge sehen sollen! Wir haben dich doch nicht geweckt, oder? Solche Frühaufsteher!»

Martha zauberte schnell ein paar Omeletts. Die Eier für das Abendessen am Sonnabend. («Marthas Omeletts sind ein Gedicht.» – Martin) – «Darling, mach eins von deinen Pilzomeletts. Brat die Pilze aber getrennt, denk dran, mit Zitrone. Sonst durchtränkt das Wasser von den Pilzen die Eier und verdirbt alles.») Die Pilze für das Abendessen am Sonntag. Aber es wäre unhöflich, etwas zu sagen.

Martin war beim Anblick von Colin und Katie wundersam aufgelebt. Er holte die Whiskyflasche. Gläser. Eis. Ein

Krug für das Wasser. Warten. Eine neue Spülbeckenladung Geschirr, wenn sie fertig sind. Um zwei Uhr morgens.

«Mach das doch nicht mehr heute Nacht, Darling.»

«Dauert nur eine Sekunde.» Strahlendes Lächeln, nicht die geringste Andeutung von Selbstmitleid. Selbstmitleid kann allen das Wochenende verderben.

Marta weiß, wenn sie es schaffen will, für sieben Leute Frühstück zu machen, darf kein schmutziges Geschirr im Spülbecken stehen. Eine komplizierte Mahlzeit, das Frühstück. Besonders wenn Schinken, Eier und Tomaten in verschiedenen Pfannen zubereitet werden müssen. («Verschiedene Pfannen für verschiedenen Geschmack!» – Martin).

Sie läuft im Nachthemd herum. Nun, wenn es Katie gewesen wäre – aber Martha hat so etwas Praktisches. Ja, Beruhigendes; aber das knappe Nachthemd und das ausladende Hinterteil und die achtunddreißig Jahre sind allesamt leicht peinlich. Martha kann es Colins und Katies Blicken ablesen. Ebenso Martins. Martha wünschte, sie würde nicht so vieles in den Blicken anderer Leute lesen. Ihrer Mutter ging es auch so. Arme, tote Mutter. Hab ich dich falsch eingeschätzt?

Dies war das zweite Wochenende, an dem Colin mit Katie, aber ohne Janet zu Besuch gekommen war. Colin war Fotograf. Katie war seine Stylistin gewesen. Zuerst Colin und Janet; dann Colin, Janet und Katie, jetzt Colin und Katie!

Katie jätete mit Gummihandschuhen und rupfte anstelle von Unkraut Stiefmütterchen aus und lachte und lachte mit allen anderen, als sie auf den Irrtum aufmerksam gemacht wurde, aber die Stiefmütterchen waren natürlich hinüber. Nun, Colin war im Laufe der Jahre ziemlich reich und ziemlich berühmt geworden, und was will ein ziemlich reicher und berühmter Mann schon mit einer Ehefrau wie Janet, wenn er auch Katie haben kann?

Am ersten der Colin/Janet/Katie-Wochenenden war Katie aus dem Bad aufgetaucht. «Sagt mal», sagte Katie und hielt mit offensichtlichem Widerwillen ein feuchtes Handtuch in die Höhe. «Ich hab nur das hier gefunden. Kann man vielleicht auf ein trockenes hoffen?» Und Martha war losgelaufen, ein trockenes zu finden, und hatte erstaunlicherweise auch eines gefunden. Sie gab es Katie, die ihr ein strahlendes Lächeln schenkte und sagte: «Ich kann feuchte Handtücher nicht ausstehen. Alles auf der Welt, nur keine feuchten Handtücher», als spräche sie mit einer Bediensteten in Zeiten des Personalmangels. Dann verbrauchte sie alles warme Wasser, so dass Martha nichts mehr zum Geschirrspülen übrig blieb.

Das Problem bestand natürlich darin, im Ferienhaus überhaupt Wäsche zu trocknen. Es gab keinen Trockner, und Martin fand Wäscheleinen, die die Aussicht verderben, ganz abscheulich. Er rackerte und schuftete die ganze Woche in der Stadt, um sich übers Wochenende am Anblick der Landschaft zu erfreuen. Wie albern, den Blick zu verderben, indem man ihn mit nassen Handtüchern verhüllte! Aber jetzt hatte Martha zusätzliche Handtücher gekauft, und vielleicht waren ja nun alle zufrieden gestellt. Sie würde sonntagabends neun feuchte Handtücher in einer Plastiktüte mitnehmen und sich in London darum kümmern.

An diesem Sonnabendmorgen, gleich nach dem Frühstück, ging Katie hinaus zum Wagen – sie und Colin hatten einen neuen Lamborghini; schwer, sich Katie in einem banaleren Gefährt vorzustellen – und als sie zurückkam, wedelte sie mit einem Yves-St.-Laurent-Handtuch: «Seht mal, ihr Süßen, ich hab mein eigenes mitgebracht.»

Sonst hatten sie nichts mitgebracht. Kein Obst, kein Fleisch, kein Gemüse, nicht einmal Brot und ganz gewiss keine Schachtel Pralinen. Sie waren am Abend zuvor voller Tatendrang zu Bett gegangen, und das Gästezimmer bebte und vibrierte: Na ja, wer wollte schon abwaschen, wenn er das machen konnte, aber was war mit den Kindern? Würde es sie nicht verwirren? Zuerst Colin und Janet, jetzt Colin und Katie?

Martha murmelte Martin etwas von dem vor, was ihr durch den Kopf ging. Er sah sie fassungslos an. «Colin ist mein bester Freund. Ich erwartete nicht, dass er etwas mitbringt», und Martha kam sich kleinlich vor. «Und, mein Gott, du kannst die Kinder nicht in alle Ewigkeit vor allem Sexuellen abschirmen. Also sei nicht so prüde», sodass Martha sich auch noch dumm vorkam. Kleinlich, nörgelig und dumm.

Janet hatte Martha während der Woche angerufen. Das Haus war über ihren Kopf hinweg verkauft worden, und sie und die Kinder hatten eine kleine Wohnung beziehen müssen. Katie versuche, Colin zu überreden, ihr den Unterhalt zu kürzen, sagte Janet.

«Es tut nicht gut, materialistisch zu sein», vertraute Katie ihnen an. «Ich habe nichts. Kein Haus, keine Familie, keine Bindungen, keine Besitztümer. Seht mich an. Nur ich und ein Koffer voller Kleider.» Aber Katie wirkte höchst zufrieden mit diesem Ich, und die Kleider waren atemberaubend. Katie trank eine Menge und wurde lustig. Alle lachten, Martha eingeschlossen. Katie war zweimal verheiratet gewesen. Martha staunte darüber, wie jemand Mitte dreißig werden konnte, ohne das Geringste sein eigen zu nennen, weder Ehemann noch Kinder, noch Besitz oder Verstand.

Wohlgemerkt, Martha sah, welche Macht eine derartige Hilflosigkeit verleihen konnte. Wenn Colin alles war, was Katie auf der Welt besaß, wie könnte Colin sie verlassen? Wem konnte er sie aussetzen. Wie sollte sie existieren? Ach, die clevere Katie.

«Meine Teetasse ist schmutzig», sagte Katie, und Martha

lief los, sie abzuwaschen. Dabei entschuldigte sie sich, und Martin zog die Augenbrauen hoch, in Richtung Martha, nicht Katie.

«Du könntest auch ruhig Parfüm benutzen», sagte Martin tadelnd zu Martha. Katie hatte immer eine Menge aufgelegt. Martha schien dazu nie Zeit zu haben, obwohl Martin ihr doch Flakon auf Flakon kaufte. Martha sprang jeden Morgen aus dem Bett, um sich irgendeiner Notsituation zu stellen – einer miauenden Katze, einem hustenden Kind, einem Wecker, der versagt hatte, dem Klopfen des Briefträgers –, wann sollte Martha Parfüm auflegen? Trotzdem ärgerte sich Martin darüber. Sie müsste einfach mehr tun, um ihn zu becircen.

Colin sah gut aus und ausgemergelt und jünger als Martin, obgleich die beiden so ziemlich gleichaltrig waren. «Jugend steckt an», sagte Martin an jenem Abend im Bett. «Das ist so, seit er Katie gefunden hat.» Gefunden – wie einen Schatz. Entdeckt: Etwas Aufregendes und Wundervolles in der tristen Welt biederer Ehepartner.

Am Sonnabendmorgen trat Jasper auf ein Stück Holz («Martha, warum hat er denn keine Schuhe an? Zu dumm» – Martin), und Martha fuhr ihn ins Krankenhaus, um einen hässlichen Splitter entfernen zu lassen. Sie verließ das Ferienhaus um zehn und kehrte um eins zurück. Sie saßen noch immer in der Sonne und tranken. Leere Flaschen blitzten im hohen Gras. Das Gras war nicht gemäht worden. Nur nicht die Flaschen vergessen. Glasscherben führten zu weiteren Vormittagen im Krankenhaus. Ach, mach keinen Aufstand. Genieß das Leben. Wie andere auch. Versuch's.

Aber keine Kartoffeln geschält, kein Frühstücksgeschirr weggeräumt, nichts. Zigarettenstummel noch immer zwischen kaltem Toast, Speckschwarten und Marmelade. «Ihr hättet die Kartoffeln schälen können», platzte Martha heraus.

Oh, schlechte Laune! Eine Todsünde. Sie sahen sie verblüfft und abfällig an. Martin auch.

«Gottchen», sagte Katie. «Ziehen wir das ganze Lunch-Programm vom Sonntag schon am Sonnabend durch? Kartoffeln! Ich hab schon eine Ewigkeit keine Kartoffeln mehr gegessen. Wie wundervoll.»

«Die Kinder erwarten das», sagte Martha.

Und die Erwachsenen ebenfalls. Die Mittagsmahlzeiten am Sonnabend und am Sonntag waren wie verlässliche Leitsterne in ihrem Leben. Lunch am Sonnabend: Familienlunch: Fish and Chips. («Schmeckt aus der eigenen Küche doch viel besser als gekauft» – Martin.) Sonntag. Normalerweise Roastbeef, Kartoffeln, Erbsen, Apfelkuchen. Oh, natürlich. Yorkshire-Pudding. Immer wieder dasselbe Problem mit den Backofentemperaturen. Während das Fleisch seine Zeit brauchte, musste der Yorkshire-Pudding schnell gar werden. Und wie sollte man das hinkriegen? Wie großer Busen und schmale Hüften.

«Entspann dich einfach», sagte Martin. «Ich mache das Abendessen, und alles wird rechtzeitig fertig. Splitter kommen von ganz allein heraus. Es war gar nicht nötig, mit ihm ins Krankenhaus zu fahren. Lass das Leben einfach über dich hinwegziehen, meine Liebe. Lass dich mit dem Strom treiben. Das ist es.»

Und Martin schickte Martha ein distanziertes, durchgeistigtes Lächeln. Seine Hand lag auf Katies schlankem braunem Arm mit den vielen Goldreifen.

«Jedenfalls kümmerst du dich zu viel um die Kinder», sagte Martin. «Das ist nicht gut für sie. Nimm einen Drink.»

Also hockte Martha sich widerstrebend auf die Treppe und griff nach einem Glas Cider. Wenn es später werden würde mit dem Lunch, fragte sie sich, wie sie alles aufräumen und für das ziemlich formelle Dinner, das für den Abend erwartet wurde, das Fleisch aus der Marinade nehmen sollte. Das marinierte Lamm musste bei kleiner Flamme mindestens vier Stunden braten. Der Herd im Ferienhaus war sehr klein, und man konnte ihn und den Grill nicht gleichzeitig benutzen. Martin aß seinen Fisch lieber gegrillt als gebraten. Wegen des Cholesterins.

Doch sie verlor kein Wort darüber. Häusliche Kleinigkeiten wie diese waren sehr langweilig, und schon die geringste Klage wurde von Martin als Szene wahrgenommen. Und eine Szene zu machen war so undankbar.

So war das Leben. Nicht wahr? Smarte Freunde in großen Autos und Landleben und Drinks vorm Lunch, und Rosen und Vogelgezwitscher – «Trink nicht zu viel», sagte Martin, und erzählte ihnen, dass man Martha den Führerschein abgenommen hatte.

Die Kinder waren hungrig und Martha wärmte ihnen eine Dose mit Bohnen und Würstchen auf. («Martha, müssen sie so einen Mist essen? Können sie denn nicht warten?» – Martin.)

Katie war hungrig. Das sagte sie jedenfalls – aus Solidarität mit den Kindern. Sie konnte wunderbar mit Kindern umgehen, zumindest mit den meisten. Colin und Janets Kinder mochte sie nicht besonders. Das teilte sie auch mit, und er nahm es hin. Inzwischen sah er sie auch nur noch einmal im Monat, nicht mehr einmal wöchentlich.

«Lass mich den Lunch machen», sagte Katie zu Martha. «Du tust so viel, armes Ding.»

Und dann holte sie alles aus dem Kühlschrank, was Martha für das Picknick am nächsten Tag zurückgelegt hatte: Camembert und Salat und Salami. Innerhalb von zwei Minuten machte sie einen wunderbaren Tomatensalat, öffnete den Weißwein – «Der ist aber nicht sehr kalt, Darling. Sollte er nicht gekühlt getrunken werden?» –, und hatte alles innerhalb von fünf Minuten auf dem Tisch. Verblüffend tüchtig. «Mehr brauchen wir doch gar nicht», sagte Martin. «Du bist komisch mit deinen Fish-and-Chips-Sonnabenden! Was könnte besser sein als das hier? Oder einfacher?»

Nichts, nur dass der kalte Lunch für neun anstelle des Sonnabendfischs für sechs aufgebraucht war, und würde der Fisch ausreichen? Nein. Katie hatte schon eine ganze Menge getrunken. Mit spitzen Lippen drückte sie Martha einen Kuss auf die Stirn. «Ulkige kleine Martha», sagte sie. «Sie erinnert mich an Janet. Ich mag Janet wirklich sehr.» Colin wollte nicht an Janet erinnert werden und sagte das auch. «Darling, Janet zählt zu deinem Leben», sagte Katie. «Wenn du nur öfter an sie denken würdest, könntest du es vielleicht schaffen, ihr weniger Unterhalt zu zahlen.» Und sie gähnte, reckte ihren schlanken, kinderlosen Körper und lächelte Colin mit ihren einladenden, aufmüpfigen Kleinmädchenaugen zu, während Martin sie staunend beobachtete.

Martha stand auf, nahm einen Farbeimer und versah die Badezimmerwand mit einer Schicht weißem Lack. Die weiße Oberfläche gefiel ihr. Sie verstand sich aufs Anstreichen und bekam eine glatte, ebenmäßige Oberfläche hin. In den Beinen verspürte sie klopfende Schmerzen. Sie fürchtete, Krampfadern zu bekommen.

Draußen im Garten spielten die Kinder Federball. Sie waren schlecht gelaunt, aber es tröstete sie, aufblicken und ihre Mutter – wie gewöhnlich – bei der Arbeit sehen zu können. Wie sie ihrer aller Leben ständig besser und schöner machte, indem sie organisierte, plante, vorausdachte, Katastrophen aus dem Weg ging, Vorbereitungen traf, wie eine Glucke, ständig besorgt und Nervosität verbreitend: Teil des naturgewollt öden Theaterstücks Leben.

Sonnabend ging Katie früh ins Bett: Sie stand vom Stuhl

auf, reckte sich, gähnte und schaute um die Ecke in die Küche, wo Martha Töpfe abwusch. Colin hatte den Tisch abgeräumt, und Katie hatte die Servietten hübsch und akkurat gefaltet, während Martin ins Kaminfeuer blies, um es richtig zu entfachen. «Gute Nacht», sagte Katie.

Drei Minuten später tauchte Katie wieder auf und präsentierte vorwurfsvoll ihr Yves-St.-Laurent-Handtuch – klatschnass. «Ach du liebe Güte», rief Martha. «Jenny hat sich wohl die Haare gewaschen.» Und Martha musste nun Jenny aus dem Bett jagen, um sie in aller Öffentlichkeit zu rügen, allein schon, um sie wissen zu lassen, was sich gehörte. Das hieß, Jenny würde das ganze Wochenende schmollen, und das erforderte eine Extrabelohnung oder einen Ausflug Mitte der Woche. Sonst würde sie in der folgenden Woche einen Asthmaanfall bekommen. «Du machst zu viel Getue um die Kinder», sagte Martin. «Und darum hat Jenny Asthma.» Jenny war recht nett anzuschauen, aber keine atemberaubende Schönheit. Vielleicht war sie ja eine Enttäuschung für ihren Vater? Martin würde das nie offen aussprechen, aber Martha befürchtete, dass er es dachte.

Ein Ei und eine Apfelsine für jedes Kind, jeden Tag. Dann würde nichts all zu Schlimmes geschehen. Und es war auch nichts geschehen. Das Asthma war sehr leicht. Eine ruhige und friedliche Umgebung, sagte der Arzt. Also lächle, Martha, lächle. Das häusliche Glück hängt von dir ab. 21 × 52 Apfelsinen pro Jahr. Jede musste gekauft, nach Hause getragen, geschält werden, und hinterher musste abgewaschen werden. Und wie stand es mit Kartoffeln? 12 × 52 Pfund im Jahr? Martin legte Wert darauf, dass seine Kartoffeln sorgfältig geschält waren. Er konnte es nicht ertragen, kleine schwarze Stellen an einem Bissen zu finden. («Also, das ist doch wirklich nicht schön, oder?» – Martin.)

Martha träumte, sie äße Kohlen aus vollen Händen, und sie schmeckten ihr auch noch.

Sonnabendnacht machte Martin dreimal Liebe mit Martha. Dreimal? Wie potent er war und offensichtlich angeregt durch die Geräusche aus dem Gästezimmer. Martin sagte ihr, dass er sie liebe. Das sagte Martin immer. Er war ein rücksichtsvoller Liebhaber und wusste um die Wichtigkeit des Vorspiels. Martha auch. Dreimal.

Ach, Schlaf. Jolyon hatte einen Albtraum. Jenny wurde von einem Nachtfalter geweckt. Martin verschlief all das. Martha taperte bei Nacht durchs Haus. Der Mond schien. Sie setzte sich ans Fenster und schaute fünf Minuten lang hinaus in die Sommernacht. Friedlich. Dann ging sie zurück ins Bett, denn sie hatte am Morgen ja frisch zu sein.

Das war sie aber nicht. Sie verschlief. Die anderen machten einen Spaziergang. Sie hatten eine Nachricht hinterlassen, eine rücksichtsvolle Nachricht: «Haben dich nicht geweckt. Du sahst noch müde aus. Haben uns mit einem kalten Frühstück beholfen, um nicht zu viel Unordnung zu machen. Lass alles stehen, bis wir wiederkommen.» Aber es war schon zehn Uhr, und zum Mittag kamen Gäste. Also räumte sie das Brot weg, die Butter, beseitigte die Krümel, die Fettflecken, den verschütteten Zucker, die Reste von Frühstücksflocken, die Milch (inzwischen sauer). Sie wusch die schmutzigen Teller und fegte den Fußboden, machte schnell Ordnung und gönnte sich eine Tasse Kaffee. Dann bereitete sie ein Reis-und-Fisch-Gericht und Mousse au chocolat vor und setzte sich zwischendurch hin, um selbst eine Menge Brot mit Marmelade zu vertilgen. Breite Hüften. Ihr fiel die Büroarbeit in ihrem Ordner ein, und sie wusste, sie würde es nicht schaffen, sie zu erledigen. Martin fand immer, es sei albern, dass sie sich zum Wochenende Arbeit mitbrachte. «Es ist deine Freizeit», sagte er. «Wieso sollten sie dir diese Last aufbürden?» Martha liebte ihre Arbeit. Sie brauchte darüber nicht zu lachen. Sie tat sie einfach.

Katie kam aufgelöst und weinend zurück. Sie setzte sich in die Küche, und während Martha arbeitete, trank sie ein Glas Gin und Bitter Lemon nach dem anderen. Katie trank ihren Gin mit Eis und Zitrone. Martha kaufte alle Drinks von ihrem Gehalt. Das war Teil der Abmachung zwischen ihr und Martin – des Vertrages, der ihr zu arbeiten erlaubte. Alles, was die Lebenslust steigerte, die ansonsten durch die Berufstätigkeit der Ehefrau und Mutter gedämpft wurde, musste von Martha bezahlt werden. Drinks, Ferien, Benzin, Ausflüge, Pudding, Strom, Heizung: Sie machten oft ihre Scherze darüber. Es hatte auch keine sonderliche Bedeutung: Schließlich war ja alles ihr gemeinsames Geld. Erstaunlich, wie sich Marthas Gehalt langsam erhöhte, fast schon auf Martins Niveau. Eines Tages würde es daran vorbeiziehen. Und dann?

Na ja, ehrlich, die Arbeit war ein Zuckerschlecken.

Die arme Katie jedenfalls heulte. Sie hatte entdeckt, dass Colin ein Foto von Janet und den Kindern in seiner Brieftasche hatte. «Er hat sich nicht von ihr gelöst. Er tut zwar so, aber er hat es nicht. Sie hält ihn im Würgegriff. Es sind die Kinder. Seine verdammten Kinder. Mary, die Heulsuse und diese kleine Kröte Joanna. An was anderes denkt er nicht. Ich zähle für ihn gar nicht.»

Aber Katie glaubte es nicht. Sie wusste, dass sie durchaus zählte. Colin kam herein, wutentbrannt. Er holte das Foto heraus, und verbittert zündete er es mit einem Streichholz an. Sie lösten sich in Rauch auf. Mary und Joanna und Janet. Die Asche fiel zu Boden. (Martha fegte sie zusammen, als Colin und Katie gegangen waren. Es wäre wohl kaum höflich gewesen, es in ihrer Anwesenheit zu tun.) «Geh zurück zu ihr», sagte Katie. «Geh doch zurück zu ihr. Ist mir auch egal. Ehrlich, ich bin sowieso lieber allein. Du bist ein netter, altmodischer Kerl. Lauf also los. Leb dein Leben, ich lebe meins. Wen kümmert's?»

«Himmel auch, Katie, dies Theater. Sie ist doch nur zufällig mit auf dem Bild. Sie hat sich doch nicht absichtlich dazugestellt, um dich zu ärgern. Und sie tut mir wirklich Leid. Sie macht eine schwere Zeit durch.»

«Du etwa nicht, Colin? Sie hat es gut raus, in der Wunde zu bohren, das kann ich dir sagen. Hast du nicht auch deine Rechte? Mal ganz von mir abgesehen. Ist es zu viel, ein wenig Loyalität zu erwarten?»

Vorm Lunch versöhnten sie sich oben im Gästezimmer. Harry und Beryl Elder trafen um zwölf Uhr dreißig ein. Harry hasste Eile am Sonntag; Beryl entschuldigte sich nervös für ihre Verspätung. Sie hatten Artischocken aus ihrem Garten mitgebracht. «Wie wunderbar», rief Martin. «Früchte der Scholle. Machen wir eine wunderbare Suppe! Nicht zetern, Martha. Ich mach sie.»

«Nicht zetern.» Allem Anschein nach hatte Martha nicht oft genug gelächelt. Sie lief Gefahr, wollte Martin wohl andeuten, allen das Wochenende zu verderben. Schon bald konnte es im Garten zu einer Krisensituation kommen – eine Ulme, die wahrscheinlich dem Ulmensterben zum Opfer fallen würde –, und Martha war mit den Artischocken fast fertig. Da flog der Deckel vom Mixer, und überall klebte Artischockenpüree. «Lasst uns draußen zu Mittag essen», sagte Colin. «Das erspart Martha Arbeit.»

Martin sah Martha stirnrunzelnd an: Er hielt es für einen unverzeihlichen Fehler, vor den Gästen die Märtyrerin zu spielen.

Alle halfen gern dabei, die Möbel hinauszutragen, aber

Martha hatte die Erfahrung gemacht, dass nie jemand half, sie wieder hineinzubringen. Jolyon wurde von einer Wespe gestochen. Jasper nieste unentwegt wegen seines Heuschnupfens und konnte die Papiertaschentücher nicht finden. Toilettenpapier wollte er absolut nicht benutzen. («Du hast doch ganz sicher die Papiertaschentücher nicht vergessen, Darling?» – Martin.)

Beryl Elder war lieb. «Wunderbar, im Freien zu essen», sagte sie und holte sich Sahne für ihren Pudding, während Martha eine Fliege vom Brie fischte, der sich immer mehr verflüssigte. (« Du hättest ihn nicht so reif kaufen sollen, Martha» – Martin) –, «nur dass es eine andere Frau ist, an der die Arbeit hängen bleibt. Aber wenigstens bin *ich* es nicht.» Beryl war ebenfalls berufstätig. Sie arbeitete als Sekretärin, um die Jungen ins Internat schicken zu können, wo sie sie gar nicht gern sah. Aber ihr Ehemann stammte aus einer ziemlich vornehmen Familie, und sie war nur eine Sekretärin, als er sie geheiratet hatte, und daher war ihr Leben auf Wiedergutmachung ausgerichtet, egal wie. Harry war kürzlich aus der Tretmühle des Brokerdaseins ausgestiegen und Künstler geworden. Er hatte sich für Integrität statt Geld entschieden, aber das war ganz allein seine Entscheidung und durfte sich natürlich nicht zu Ungunsten der Jungen auswirken.

Katie fand das Fisch-und-Reis-Gericht ziemlich merkwürdig, stocherte mit der Gabel darin herum und sprach von italienischen Restaurants, die sie kannte. Martin lehnte sich zurück und ließ sich von der Sonne bescheinen. Er rief aus: «Ja, das ist das wahre Leben.» Großzügigerweise machte er Kaffee, der Deckel flog von der elektrischen Kaffeemühle und in der ganzen Küche waren Kaffeebohnen verstreut, besonders zwischen all den Kochbüchern, die Martin Martha Weihnachten für Weihnachten schenkte. Zumindest mussten sie nicht jedes

Wochenende wieder mit nach Hause geschleppt werden. («Einbrecher sind zu blöd, um die zu stehlen» – Martin.)

Beryl schlief ein, und Katie betrachtete sie spöttisch. Beryls Mund stand offen, sie hatte eine Menge Füllungen und ihre Fesseln waren dick, ihre Taille ging aus dem Leim und sie machte nichts aus ihrem Typ. «Ich liebe Frauen», seufzte Katie. «Wenn sie schlafen, sehen sie so wunderbar aus. Ich wünschte, ich könnte ein Urweib sein.»

Beryl schreckte aus dem Schlaf und setzte ihrem Mann zu, nach Hause zu fahren, was er offensichtlich nicht wollte und deshalb auch nicht tat. Beryl meinte, sie müssten zurückfahren, weil seine Mutter später vorbeikommen wollte. Unsinn! Dann versuchte Beryl, Harry daran zu hindern, noch mehr hausgemachten Wein zu trinken, und wurde deswegen von allen ausgelacht. Er musste fahren. Beryl konnte nämlich nicht, und er hatte eine böse Narbe an der Schläfe von einem früheren Verkehrsunfall. Keine Sorge.

«Sie kann ganz schön energisch sein, die arme Seele», lachte Katie, als sie schließlich fort waren. «Ich werde nie heiraten» – und Colin sah sie sehnsüchtig an, denn er wollte nichts mehr auf der Welt, als sie heiraten, und Martha räumte die Kaffeetassen ab.

«Oh, lass das doch bitte», sagte Katie, «*setz* dich einfach mal hin, Martha, du machst uns allen ein schlechtes Gewissen», und Martin funkelte Martha an, die sich setzte, und Jenny rief nach ihr und Martha ging die Treppe hinauf und Jenny hatte zum ersten Mal ihre Tage und Martha weinte und weinte und wusste, dass sie aufhören musste, denn das hier sollte ein freudiges Ereignis für Jenny sein, damit nicht ihre ganze Zukunft aufs Spiel gesetzt wurde, aber diesmal konnte Martha nicht aufhören.

Ihre Tochter Jenny: Ehefrau, Mutter, Freundin.

Biographien

© Peter Peitsch

Margaret Atwood Geboren 1939 in Ottawa/Kanada. Veröffentlichte bereits mehrere Romane, Gedichtbände und Kurzgeschichten. Sie gewann den Governor General's Award und wurde 1986 mit ihrem Roman «Die Geschichte der Dienerin» für den Booker Prize nominiert. Heute lebt sie mit ihrer Tochter in Toronto.

© Guillermo Laborde Garcia

Tanja Dückers Geboren 1968 in Berlin. Ist seit 1988 schriftstellerisch tätig und wurde mit dem La-Belle-Literaturpreis für Kurzprosa und einem Preis für Reiseliteratur ausgezeichnet. Zurzeit ist sie Stipendiatin der Villa Aurora in Los Angeles. Neben einem Roman und zwei Kurzprosabänden hat sie bereits zahlreiche Geschichten in Anthologien und Literaturzeitschriften veröffentlicht. Tanja Dückers lebt in Berlin und Barcelona. 1999 erschien ihr Roman «Spielzone» im Aufbau-Verlag.

© Big Shot/Christian Jungwirthohne

Jenny Erpenbeck Geboren 1967 in Berlin. Studium der Musiktheaterregie an der Hochschule für Musik in Berlin. Inszenierungen und Publikationen in Berlin und Österreich seit 1994. 1999 erschien bei Eichborn die «Geschichte vom alten Kind», im darauf folgenden Jahr das Drama «Katzen haben sieben Leben».

Janet Frame Geboren 1924 in Dunedin/Neuseeland. Autorin zahlreicher vielfach preisgekrönter Romane, darunter «Wenn Eulen schrein» und «Auf dem Maniototo». Ihr autobiographischer Roman «Ein Engel an meiner Seite» wurde mit großem Erfolg von der neuseeländischen Regisseurin Jane Campion verfilmt. Janet Frame gehört zu den wichtigsten zeitgenössischen Schriftstellern Neuseelands.

© Christer Almqvist

Barbara Franck Geboren 1944 in Neumünster, hat als Redakteurin bei großen Zeitschriften und zehn Jahre lang als freie Autorin gearbeitet. In dieser Zeit entstanden ihre Bücher «Ich schau in den Spiegel und sehe meine Mutter», «Mütter und Söhne», «Trotzdem leben» sowie «Der Ungeliebte». Seit 1994 ist Barbara Franck stellvertretende Chefredakteurin der Zeitschrift «Architektur & Wohnen» in Hamburg.

© Thomas de Leon

Annegret Held Geboren 1962 in Pottum im Westerwald. Polizeischule Wiesbaden, danach drei Jahre Streifendienst in Darmstadt. Sie studierte Ethnologie und Kunstgeschichte in Heidelberg. Heute lebt sie als freie Schriftstellerin mit ihrer Tochter in Frankfurt. Zuletzt erschien «Die Baumfresserin» (Rowohlt 1999), davor «Am Aschermittwoch ist alles vorbei» (rororo 22445).

© Ekko von Schwichow

Zoë Jenny 1974 geboren, lebt und arbeitet in Basel und New York. 1997 erschien der Roman «Das Blütenstaubzimmer», der in 23 Sprachen übersetzt wurde. Zuletzt erschien ihr Roman «Der Ruf des Muschelhorns».

© Barbara Dietl

Sarah Khan Jahrgang 1971, ist als erstes Kind eines pakistanischen Teppichhändlers und einer Pastorentochter in Hamburg geboren und aufgewachsen. Sie studierte Volkskunde und Germanistik, arbeitet als Schriftstellerin und Drehbuchautorin. Ihr Roman «GOGO-Girl» erschien 1999 im Rowohlt Taschenbuch Verlag (rowohlt paperback 22516).

© Peter C. Hubschmid

Carmen Korn Jahrgang 1952. College in England. Ausbildung zur Journalistin an der Henri-Nannen-Schule in Hamburg. Ihr erster Roman «Thea und Nat» erschien 1989 und wurde 1991 vom ZDF verfilmt. Weitere Veröffentlichungen: «Der Tod in Harvestehude», «Das Singende Kind» und «Barmbeker Blues». Carmen Korn lebt mit ihrem Mann und zwei Kindern in Hamburg.

© Sven Paustian

Grit Poppe 1964 in Boltenhagen (Ostsee) geboren. Sie studierte am Literaturinstitut in Leipzig und veröffentlichte Erzählungen und Kurzgeschichten. Von 1989 bis 1991 engagierte sie sich für die Bürgerbewegung «Demokratie Jetzt» (Bündnis 90) und arbeitete als deren Geschäftsführerin für das Land Brandenburg. Sie ist Mutter von zwei Kindern und lebt in Potsdam. Ihr erster Roman «Andere Umstände» (rororo 22554) erschien 1998 im Berlin Verlag, 1999 folgte der Roman «Alabusch oder Das Herz des Vulkans» im Altberliner Verlag.

© Regina Schmeken

Asta Scheib Geboren 1939 in Bergneustadt/Rheinland, arbeitete zunächst als Redakteurin bei verschiedenen Zeitschriften. Heute lebt sie als Schriftstellerin und Drehbuchautorin in München. Zu ihren erfolgreichen Romanen zählen «Beschütz mein Herz vor Liebe» (rororo 22438), «Langsame Tage», «Kinder des Ungehorsams», «Schwere Reiter» sowie «Eine Zierde in ihrem Haus» (rororo 22744). Zuletzt erschienen ist: «Das zweite Land» (rororo 22705)

© Jerry Bauer

Fay Weldon Geboren 1933 in Neuseeland, ist im englischen Somerset zu Hause. Sie ist Autorin von Romanen, Drehbüchern und Theaterstücken. Im Rowohlt Taschenbuch Verlag erschienen 1987 ihre «Briefe an Alice».

Weitere Hinweise zum Copyright